ESSAY

KRITIK

MARGINALIEN

Jan Plamper, geb. 1970, ist Professor für Geschichte an der University of Limerick. 2019 erschien *Das neue Wir. Warum Migration dazugehört: Eine andere Geschichte der Deutschen.*
jan.plamper@ul.ie

Kwame Anthony Appiah, geb. 1954, Professor für Philosophie und Recht an der New York University. 2018 erschien *Identitäten. Die Fiktionen der Zugehörigkeit.* – Der Beitrag erschien unter dem Titel *Liberation Psychology* in der *New York Review of Books* vom 24. Februar 2022.

Valentin Groebner, geb. 1962, Professor für Geschichte mit Schwerpunkt Mittelalter und Renaissance an der Universität Luzern. 2021 erschien *Bin ich das? Eine kurze Geschichte der Selbstauskunft.*
valentin.groebner@unilu.ch

Jan von Brevern, geb. 1975, Kunsthistoriker. Zur Zeit vertritt er die Professur für Kunstgeschichte an der Universität Siegen.
jan.brevern@gmail.com

Aleida Assmann, geb. 1947, Professorin i.R. für englische Literatur und Allgemeine Literaturwissenschaft an der Universität Konstanz. 2020 erschien *Die Wiedererfindung der Nation.*

Tobias Becker, geb. 1980, Wissenschaftlicher Mitarbeiter am Leibniz-Zentrum für Zeithistorische Forschung Potsdam. 2014 erschien *Inszenierte Moderne. Populäres Theater in Berlin und London, 1880–1930.*
tobias.becker@zzf-potsdam.de

Konstantin Petry, geb. 1997, Student.
konstantin.petry@uni-jena.de

Johannes Franzen, geb. 1984, Wissenschaftlicher Mitarbeiter am Institut für Germanistik der Universität Siegen. Redakteur beim Online-Feuilleton *54books.de*. 2018 erschien *Indiskrete Fiktionen. Theorie und Praxis des Schlüsselromans 1960–2015.*

Michaela Maria Müller, geb. 1974, Autorin. 2022 erschien *Mitterndorf.*
michaela.maria.mueller@email.de

Susanne Neuffer, geb. 1951, Autorin. 2019 erschien *Im Schuppen ein Mann*; 2022 *Sandstein. Zwei Novellen.*
www.susanne-neuffer.de

Hanna Engelmeier, geb. 1983, Wissenschaftliche Mitarbeiterin am Kulturwissenschaftlichen Institut Essen. 2021 erschien *Trost. Vier Übungen.*
hanna.engelmeier@kwi-nrw.de

ZU DIESEM HEFT

Der Angriffskrieg Russlands auf die Ukraine bestimmt mittlerweile seit Monaten die Berichterstattung. Obwohl die Zahl der Sondersendungen, Diskussionsrunden, Kommentare, Analysen und öffentlichen Forderungen längst unüberschaubar geworden ist, spricht doch einiges dafür, dass die Brutalität des russischen Vorgehens und die Perfidie, mit der es von Wladimir Putin und seinen Gefolgsleuten verteidigt wird, sehr viele Menschen weiterhin sprachlos machen. Der *Merkur*-Posteingang ist ein Indiz dafür: Während sich bei Ereignissen vergleichbarer Tragweite normalerweise mit einem gewissen zeitlichen Abstand zahlreiche Autorinnen und Autoren zu Wort melden, haben uns zu diesem Thema bislang ausgesprochen wenige Manuskriptangebote erreicht.

Eine Ausnahme ist der Essay von Jan Plamper, mit dem wir dieses Heft eröffnen. Plamper, der in Limerick lehrt, ist Historiker mit einem Schwerpunkt auf russischer Geschichte. Er ist Jahrgang 1970 und hat die Entwicklung Russlands nach dem Ende der Sowjetunion aus teils nächster Nähe verfolgt. So hat er 1993 seinen Zivildienst bei der nun verbotenen Menschenrechtsorganisation Memorial gemacht. Sein Buch *The Stalin Cult* von 2012 hat ihm, wie er berichtet, eine Einladung ins russische Fernsehen verschafft (die er ausschlug). Sein Text *Putin und ich* ist auf den ersten Blick nicht mehr als eine Chronik, von 1993 bis heute, die jedoch in präzise ausgewählten und montierten Schlaglichtern eine Entwicklung nachvollziehbar macht, als deren logische Konsequenz dieser Krieg mit seinen noch nicht absehbaren Folgen sichtbar wird.

CD/EK

Jan Plamper
Putin und ich

1993. Achtzehn Monate Zivildienst im Ausland mit der Aktion Sühnezeichen bei Memorial Sankt Petersburg. Offene Altenarbeit mit Opfern des Nationalsozialismus und Stalinismus. Fast ein Jahr vorbei. August, eine Expedition mit Memorial auf die Solowezki-Inseln im Weißen Meer, 600 Kilometer nördlich von Petersburg. Auf dem Archipel wurden noch unter Lenin die ersten politischen Gefangenen inhaftiert. Für Alexander Solschenizyn bezeichnete *Der Archipel Gulag* zweierlei: die reelle Solowezki-Inselgruppe und die metaphorischen Lagerinseln, die sich wie ein Archipel über die gesamte UdSSR erstreckten. Wir sind im ehemaligen Kloster auf der Hauptinsel untergebracht, Schlafsäle nach Geschlechtern getrennt. Kurz vor der Nachtruhe schaue ich einige Betten weiter: Der Dissident, Mitbegründer einer Leningrader Untergrundgewerkschaft nach dem Vorbild der polnischen Solidarność, 1982 verhaftet und verurteilt unter Mitwirkung des KGB-Ermittlers Wiktor Tscherkessow, freigekommen in der Gorbatschow-Amnestie 1987, legt sich gerade ein Handtuch übers Gesicht. »Darf ich fragen, was Sie da tun?« – »Ach, das geht noch auf die Zeit in Untersuchungshaft zurück. Damals hatten sie in der Zelle diese grellen Glühbirnen, die vierundzwanzig Stunden brannten. Seitdem kann ich nicht mehr ohne das Handtuch einschlafen.« Tscherkessow ist Putin-Vertrauter und wird im Jahr 2000 zum Bevollmächtigten für Nordwestrussland ernannt, ein Posten, der die »Machtvertikale« stärken und die Gouverneure schwächen soll.

1993. Ich wohne bei einer armenisch-ukrainischen Intelligenzia-Familie in Sankt Petersburg. Die jüngere Tochter wird in der Schule immer öfter als *armjaschka* und »Schwarzarsch«, ein Schimpfwort für Leute aus dem Kaukasus, beleidigt. Der Hass richtet sich gegen sichtbare Minderheiten, wie sie in der Migrationsforschung heißen.

1993. Memorial protestiert vor dem »Großen Haus«, der Petersburger KGB-Zentrale, gegen die Übernahme von KGB-Personal in den FSK, wie der Inlandsgeheimdienst des jungen demokratischen Russland hieß. Auf meinem Plakat steht: »Kein einziger KGBler im Sicherheitsdienst Russlands«. Vermutlich hätte ich dem Protest fernbleiben sollen – wir Zivis im Ausland dürfen uns nicht politisch betätigen. Doch das kümmert damals keinen, auch nicht die Geheimdienstler, die nur einmal herauskommen, um zu fragen, was wir da tun. Es liegt auch keine Angst in der Luft, allenfalls etwas Kitzel – wie wäre eine solche Aktion noch vor fünf Jahren ausgegangen? Wie im Jahr 2022?

Memorial-Protest vor der Petersburger KGB-Zentrale 1993

1994. Ich arbeite im ehemaligen Parteiarchiv in Petrosawodsk in Karelien, nördlich von Sankt Petersburg. Während der Mittagspause begegnet mir eine ältere Archivarin auf der Straße und fragt mich, ob ich mich ins Meldebuch eingetragen hätte. Lachend, aber ironiefrei: »Sonst dringen noch Volksfeinde ins Archiv ein!« So tief sitzt das, denke ich, so leicht bricht sich Stalins mörderische Rhetorik von 1937 wieder Bahn. Gut zwei Jahrzehnte später wird dem Memorial-Mitarbeiter Juri Dmitriew in Petrosawodsk der Prozess gemacht – unter Scheinvorwürfen, aber eigentlich, weil er nicht locker lässt, die Verbrechen Stalins und ihre Vertuschung aufzudecken. Es ist einer der größten erinnungspolitischen Justizskandale der postsowjetischen Zeit, Dmitriew einer der bekanntesten politischen Gefangenen der Putin-Ära.

1996. Ein Vortrag des britischen Historikers und Publizisten Timothy Garton Ash in Berkeley, wo ich promoviere. Was er von einem EU- und NATO-Beitritt Russlands hielte, wird er am Ende gefragt. Pause – dann: »Es wäre ein Problem. Aber es wäre ein Problem, das wir im Interesse aller Beteiligten haben wollen sollten.« Die ostmitteleuropäischen Staaten *und* Russland in eine gemeinsame Sicherheits- und Wirtschaftsarchitektur einzupassen – oder zusammen eine neue zu errichten –, war damals noch denkmöglich. Verpasste Chancen, geschlossene Zeitfenster.

1999. Kosovokrieg im ehemaligen Jugoslawien, die NATO bombardiert Belgrad. Russische Bekannte, in Russland wie in der Diaspora, sind aufgebracht: Wenn es ernst wird, sagen sie, pfeift der Westen auf die Menschenrechte und macht knallharte Realpolitik, umgeht einfach die UNO und schickt Tarnkappenbomber und Cruise Missiles gegen die serbische Zivilbevölkerung. Ich sehe es damals eher wie der »bellizistische« grüne Außenminister Joschka Fischer, trotz Bauchschmerzen. Ein Veto Russlands und Chinas im UN-Sicherheitsrat gegen militärischen Druckaufbau ist höchstwahrscheinlich, es gilt keine Zeit zu verlieren, der Einsatz von NATO-Gewalt ist jetzt die am wenigsten schlechte Option, um ein zweites Srebrenica – einen Genozid gegen die albanische Bevölkerung im Kosovo – zu verhindern. Die Tragweite von 1999 wird mir erst im Lauf der Jahre bewusst: Es ist das Ende der prowestlichen Romantik in der Ex-UdSSR und die bislang größte Zäsur seit dem Ende des Kalten Kriegs. In der Folge klingen auch bei liberalen Russen immer öfter nationalistische Töne an – es gelte doch nur, »die nationalen Interessen« Russlands zu verteidigen. Hat der Westen 1999 das Gros seines moralischen Kredits verspielt? Das frage ich mich bis heute.

1999. Wir leben für ein Jahr in Moskau, ich forsche in Archiven für die Doktorarbeit. Präsident Jelzin hat mal wieder einen Premierminister verschlissen, im Sommer wird ein unbeschriebenes Blatt ernannt, Wladimir Putin. Im Herbst haut es bei einer Mitschülerin meiner Tochter die Scheiben heraus, weil ein Hochhaus in der Nachbarschaft in die Luft gesprengt wird – angeblich von tschetschenischen Terroristen, mutmaßlich vom FSB auf Geheiß des neuen Premiers. Sicher ist: Putin nimmt die Anschläge zum Anlass, einen schnellen, siegreichen Krieg in Tschetschenien zu führen, um endlich den schmachvollen Kompromiss von 1996 zu tilgen, der den ersten Tschetschenienkrieg beendet hatte. Grosny wird in Schutt und Asche gelegt. Am 19. Dezember sind Dumawahlen, Putins erst im September aus der Taufe gehobene Partei Einheit fährt das zweitbeste Ergebnis nach den Kommunisten ein, deren Stimmen, wie jeder weiß, käuflich sind. Am Tag darauf ist der Tag des Tschekisten, der inzwischen siebenundvierzigjährige Putin lässt sich filmen bei seiner Rede im Festsaal der Lubjanka: »Die Gruppe von

FSBlern, die Sie auf eine Undercover-Dienstreise in die Regierung geschickt haben, hat Stufe eins der Aufgabe erfüllt.« Putin-Grinsen. Viele erschaudern – könnte dies der Nachfolger Jelzins werden? Geschichte wiederholt sich nicht, historische Analogien hinken. Trotzdem: Es wäre, wie wenn in den 1950ern ein Gestapo-Offizier zum Bundeskanzler gewählt worden wäre, der nicht nur keine Reue über seine berufliche Vergangenheit an den Tag legt, sondern sie wie eine Monstranz vor sich herträgt. Das Schlimmste aber wäre, wenn die russische Gesellschaft nichts dabei fände. Genau das offenbart sich am 26. März 2000, als Putin die Präsidentschaftswahl gewinnt, nachdem Jelzin an Silvester zurückgetreten war und ihn zum amtierenden Präsidenten gemacht hatte. Das Problem ist nicht Putin, es wird sich immer ein Mussolini oder ein Putin finden. Das Problem ist die russische Gesellschaft, die ihn wählt und kein moralisches Problem dabei hat. Woran liegt das? An vielen Faktoren, in erster Linie aber daran, wie die sowjetische Vergangenheit aufgearbeitet beziehungsweise nicht aufgearbeitet wurde.

2000. Berlin, wir schauen uns Schulen für unsere Tochter an, auch die private russischsprachige Lomonossow-Schule. Wir entscheiden uns gegen diese Schule – es gibt eine Art weltanschauliche Begleitmusik, und diese läuft hinaus auf damals zwar noch milden, aber doch großrussischen Patriotismus, verbrämt mit russischer Orthodoxie und gesponsort von Gazprom. Wir waren dagegen auf der Suche nach dem, was der Historiker Yuri Slezkine den »Puschkin-Glauben« nennt: eine überethnische, kulturelle Definition des Russischen (russische Sprache, Literatur, Musik). Zum Tag der Offenen Tür der Schule bei der Botschaft in der Behrenstraße gehen wir erst gar nicht: Die ist als *gebeschnaja kontora*, als »KGB-Schuppen«, verschrien. Auf eine Filiale der Lomonossow-Schule in Berlin-Marzahn wird am 11. März 2022, zwei Wochen nach der russischen Aggression gegen Ukraine, ein Brandanschlag verübt. Auch das schlimm – geht nicht.

2000. Abendgesellschaft bei Bekannten im Berliner Corbusierhaus. Der sonst verlässlich sarkastische russische Gastgeber auf einmal todernst: »Leute, habt ihr es noch nicht kapiert, Putin ist für immer?« Einige erschrecken. Die meisten lachen.

2002. Arbeit am Tübinger Osteuropa-Institut. Abends ein Gast aus Berliner Regierungskreisen. In der Weinstube löchern wir ihn: Woher kommt Schröders Schmusekurs mit Putin? Man kann ja vielleicht noch eine Schlittenfahrt mit ihm und den Gattinnen machen, aber danach geht man doch zu einer oppositionellen NGO, mit ZDF-Team im Schlepptau. Der Gast weiß es auch nicht. Einer der Russland-Historiker mutmaßt: »Die alte deutsche Schwäche fürs Große, Gewaltige, Imperiale. Das geht noch auf Bismarck zurück.« Schröder selbst sagt in einem Interview: der Zweite Weltkrieg, das

Ungeheure der 27 Millionen sowjetischen Toten und die Notwendigkeit, das wenigstens ansatzweise wiedergutzumachen. 2004 nennt er Putin sogar einen »lupenreinen Demokraten«. Merkel wird ein besseres Gespür haben – hierbei zumindest. Symbolpolitisch macht sie gegenüber Russland vieles richtig.

2003. Eine Freundin fliegt zum zwanzigjährigen Jubiläum ihres Physik-Jahrgangs an der Moskauer Staatsuniversität in die russische Hauptstadt. Die Party im Hotel Rossija am Roten Platz, einst größtes Hotel der Welt, wird geschmissen von Oleg Deripaska, Oligarch und Mitabsolvent, der auch den Auftritt einer berühmten Rockband bezahlt. Er war als Student mittelmäßig und recht schüchtern, jetzt sitzt er einsam mit Getreuen und Leibwächtern in einer Ecke – und schaut trübe drein. Unsere Freundin landet am Tisch neben einem alten Kommilitonen und fängt ein Gespräch an: »Was machst du beruflich?« – »*Narkobiznes*. Bin vor kurzem freigekommen aus einem Hochsicherheitstrakt des Federal Prison in den USA. Konnte dort gute Kontakte zu den Kolumbianern knüpfen, jetzt läuft's wieder wie am Schnürchen.«

2005. Kurze Zeit nach seiner Abwahl als Bundeskanzler heuert Schröder als Aufsichtsratsvorsitzender bei der Nord Stream AG an. Matthias Warnig, Putin-Vertrauter aus Dresdner Zeiten und ehemaliger Stasi-Spion, ist dort Geschäftsführer. Der Aufschrei in der deutschen Öffentlichkeit bleibt aus, Warnig wird so gut wie gar nicht unter die Lupe genommen. Immer mehr prominente Deutsche sind ins Putin'sche Tributsystem eingebunden, die gesamte deutsche Wirtschaft profitiert, mittelbar die deutsche Gesellschaft. Solange man sich das nicht bewusst macht und nicht bereit ist, für eine wirklich »wertebasierte« Außenpolitik Einbußen beim eigenen Lebensstandard hinzunehmen, bleibt die moralische Empörung im Jahr 2022 leider: wohlfeil.

2006. Eine Konferenz in der Toskana, Spaziergang mit einem ungarischen Teilnehmer von der Central European University (CEU) in Budapest, der George Soros persönlich kennt. Ich bin neugierig: »Wie ist Soros denn so, als Mensch?« Der Kollege denkt nach, dann: »Gutgläubig, direkt, es gibt für ihn keine Meta-Ebenen, man kriegt, was man sieht.« Wir sprechen über die Europäische Universität Sankt Petersburg, eine postsowjetische Neugründung und ein Hort der kritischen Intelligenzia, gleichsam das russische Pendant zur CEU: »Das ist ein Fremdkörper in der russischen Gesellschaft, die hat keinen Rückhalt. So kann das langfristig nichts werden.« 2019 muss die CEU ins Exil nach Wien, weil der ungarische Präsident Viktor Orbán ihre Arbeit verunmöglicht hat, nicht zuletzt, indem er über Jahre hinweg ihren Förderer Soros als jüdischen »Fremdkörper« im ungarischen Volk herabgewürdigt hat.

2007. Ein Professor an der Europäischen Universität Sankt Petersburg benutzt in öffentlichen Diskussionen immer wieder den Satz »Wir sind ein freies Land«, eine Anspielung auf *this is a free country* in den USA. Teils ironisch, teils Beschwörung, klingt der Satz doch wahr. Oder zumindest wahr genug. Später, ich kann es nicht datieren, aber vermutlich um 2014, streicht er den Satz aus seinem Repertoire.

2008. Kurzbesuch in Moskau. Ein Freund nimmt mich mit zu einem Treffen mit Gleb Pawlowski, in dem dieser den Georgienkrieg einzuordnen verspricht. Kleiner Kreis, höchstens zwei Dutzend Gäste. Pawlowski ist brillant, blitzschnell im Denken. Er ist auch eine schillernde, verhasste Figur: Dissident und Dissidentenverräter; Gründer der Stiftung für effektive Politik, »Polittechnologe«, also russischer *spin doctor* und der Kopf hinter Putins Wahlkampagne 2000; 2004 in Ukraine hinter der Wahlkampagne des prorussischen Wiktor Janukowitsch, der 2014 ins russische Exil gejagt wird; Multimillionär. 2011 stellt Putin die Zusammenarbeit ein, weil sich Pawlowski für eine zweite Amtszeit von Dmitri Medwedew ausspricht. Ausreise ins englische Exil.

2010. Der Moskauer Bürgermeister hat zum ersten Mal seit Chruschtschows Entstalinisierung wieder Stalin-Plakate für die Feierlichkeiten zum 9. Mai, dem Tag des Sieges gegen NS-Deutschland, erlaubt. Ein öffentlicher Streit entbrennt. Mein Buch zum Stalinkult ist gerade auf Russisch erschienen, ich bekomme in Berlin einen Anruf vom ersten Kanal des Staatsfernsehens mit der Einladung in Andrei Malachows Talkshow *Pust goworjat*, »Lasst sie reden«, mit Veteranen zu diskutieren. Stalinistischen Veteranen. »Visum, Flug nach Moskau, Hotel – kriegen wir alles bis morgen hin.« In mir kämpfen Eitelkeit und Prinzipien. Ich berate mich mit russischen Freunden: »Lass es sein, das kannst du nicht gewinnen.« Als ich später sehe, wie mein Ersatz, ein junger, aufrechter Redakteur des russischen *GQ*-Magazins, von den medaillenbehängten Veteranen niedergeschrien wird, bin ich heilfroh, dass ich auf meine Freunde gehört habe.

2010. American Academy am Berliner Wannsee, Abendessen zu Ehren einer US-Kollegin. Eine gut vernetzte Mitarbeiterin der Academy erzählt, dass sie im selben Tennisclub wie der russische Botschafter spielt. Bei der Verteilung der Rollen im Doppelspiel kam es neulich zu folgender Szene: Der Botschafter sagte seiner Frau, sie habe freie Wahl, da sie ja den höheren KGB-Rang besitze. Hahaha. Als ein ebenfalls anwesender deutscher Kollege das hört, schaudert es ihn. Er bleibt bei der nächsten Einladung zum Neujahrsball der russischen Botschaft, der immer opulenter und Fixpunkt im Leben der Berliner High Society geworden ist, daheim.

2010. Die Stories über einen Mit-Zivi in Russland Anfang der 1990er werden immer wilder. Damals kiffender Skater oder skatender Kiffer, Zyniker, hat er mehr schlecht als recht Jura studiert – allein die Fachwahl ein

Treppenwitz in den Augen aller, die ihn in den Neunzigern kannten. Dann als Anwalt bei Gazprom und anderen kremlnahen Unternehmen angeheuert. Gerade soll er in Toulouse gewesen sein, um für Präsident Medwedew bei Airbus eine Spezialmaschine abzunehmen: mit vergoldeten Wasserhähnen auf dem Klo.

2011. Im September geht eine gemeinsame russisch-ukrainische Euroregion Donbas an den Start, also eine von der EU auch finanziell geförderte Grenzregion am Fluss Don.[1] Euroregionen gibt es seit 1958 zwischen Deutschland und den Niederlanden, seit 1971 werden sie von der Arbeitsgemeinschaft Europäischer Grenzregionen verwaltet. Wirtschaftliche, kulturelle, ökologische und zivilgesellschaftliche Verflechtung ist das Ziel. Die Donbas-Initiative geht bis 2006 zurück, dann auf eine russisch-ukrainische Abmachung vom Oktober 2010, eine aus der russischen Rostower Region und den ukrainischen Donezk- und Luhansk-Regionen bestehende Euroregion zu beantragen. Wie wir aus dem Nordirland-Konflikt wissen, kann ein übernationales Gebilde wie die Europäische Union maßgeblich dazu beitragen, nationale Grenzen in umkämpften Gegenden zu entschärfen. 2014 wird die Euroregion Donbas aus naheliegenden Gründen auf Eis gelegt, auch wenn die offizielle Website auf Russisch bis heute wie Trümmerschutt im Internet herumschwirrt.[2] Der am Ende der Seite angegebene Link zu einer Website »euroregion-donbass« führt zu einer Pornoseite. Noch eine verpasste Chance.

2011. Der russische Panda-Club in der Kulturbrauerei im Prenzlauer Berg Berlin, Veranstaltung zur Unterstützung der »Schneerevolution«, der Proteste gegen die gefälschten Dumawahlen vom Dezember 2011. Wieder eine Ausreisewelle russischer Intelligenzia, viele frisch Angekommene auch im Panda-Club, viele von ihnen queer – der Druck auf die LGBTQ-Community wird gerade immer größer, 2013 verabschiedet die Duma dann das Gesetz gegen »Homosexuellen-Propaganda«.

2013. Hundespaziergang mit einem Kollegen in Olgino außerhalb von Sankt Petersburg am Finnischen Meerbusen. Ob ich das »Russische Versailles« sehen möchte? Ich möchte. Gated Community, Wachmannschaften patrouillieren, riesiger Zaun, dahinter Paläste – *kitsch as kitsch can.* Der größte mit Hubschrauberlandeplatz gehört Jewgeni Prigoschin, »Putins

1 European Commission, *Border Policies and Cross-Border Cooperation* vom 21. September 2011 (ec.europa.eu/regional_policy/en/newsroom/events/2011/09/border-policies-and-cross-border-cooperation).

2 http://euroregion.ru/?page_id=68

Koch« und heutiger Chef der Wagner-Söldnerarmee, die in Syrien, Mali, im Donbas und jetzt auch im Rest von Ukraine ihr Unwesen treibt. Hat sich hochgedient vom Hotdog-Verkäufer zum Putin-Caterer und einem der ganz Großen im *sistema*, jener mafiösen Pyramide, der Putin wie ein Boss der Bosse vorsteht. Später, am Bahnhof von Olgino, macht mich der Kollege auf ein unscheinbares, modernes Gebäude aufmerksam: Russlands erste Trollfabrik. Damals verstehen wir beide nicht so richtig, was das bedeutet. Auch die Olgino-Trolle werden von Prigoschin koordiniert.

2015. Zu Gast bei Freunden im reichen Südwestlondon. Privatstraße, die Nachbarvilla ist an José Mourinho vermietet, der gerade wieder einmal Roman Abramowitschs FC »Chelsky« trainiert. Zwei Verlagsmenschen, nach dem Dessert wird das Gespräch vertraulich – wie es Alexander Mamuts Sohn an der Privatschule Eton ginge? Kriegt er sein Drogenproblem in den Griff? Wenn nicht, sähe es düster aus für Waterstones, die hochdefizitäre Buchhandlungskette, mit der sich der Putin-nahe Oligarch Mamut ins britische Establishment eingekauft hat. Stirnfalten, alle Ironie wie weggeblasen: »Waterstones ist das kulturelle Rückgrat unseres Landes, *you know.*« Hoffen wir, dass sich Eton des Ernsts der Lage bewusst ist und bei Mamuts Sohn ein Auge zudrückt. *You know.*

Silvester 2014/15. Wie in vielen Familien, in der Diaspora oder in der Ex-Sowjetunion, wird dieses Jahr wegen der Annexion der Krim und des Kriegs im Donbas gestritten. Auch bei uns endet ein Telefongespräch mit Geschrei und heftig gedrückter roter Auflegetaste. Man reibt sich die Augen, wie schnell sich verschüttet geglaubte russische oder ukrainische Identitäten mobilisieren lassen.

2015. Immer öfter benutzen uns nahestehende, in Russland lebende Menschen eine Phrase aus Sowjetzeiten: »Das ist kein Thema für ein Telefongespräch.« Will heißen: Es könnte abgehört werden, lass uns das lieber tête-à-tête besprechen. Außerdem gibt es jetzt Putin-Witze en masse, manche sind verkappte Breschnew-Witze aus den Siebzigern.

2016. Stipendium in Jena, der Fernseher auf meinem Zimmer im Wohnheim hat russische Kanäle – Staatsfernsehen. Seit Jahren habe ich es nicht mehr geschaut, russische Freunde nennen ihr Fernsehgerät nur noch »Zombiekiste«. Allabendlich dasselbe Spektakel. Historische Talkshow. Ein paar Männer schlagen sich mit fest verteilten Rollen rhetorisch die Köpfe über den Zweiten Weltkrieg ein, es gibt immer einen Alibi-Prowestler, der am hurrapatriotischen Narrativ kratzt, um dann mit voller Wucht von Mitdiskutierenden, Publikum und dem vermeintlich neutralen Moderator niedergewalzt zu werden. So wird der zentrale Erinnerungsort der Sowjetunion, der Sieg über NS-Deutschland, instrumentalisiert. Primitiv, funktioniert aber. Bei mir verursacht es, befürchte ich, Bluthochdruck. Von da ab zappe ich über die russischen Kanäle hinweg.

2016. Zu Besuch in Sankt Petersburg. Über diese Episode aus den frühen Neunzigern berichtet ein älterer Kollege der damaligen Vizebürgermeister Putin und Medwedew. Der Kollege wollte zu Petersburgs Bürgermeister Sobtschak, dabei musste er im Vorzimmer vorbei an Medwedew. An diesen gerichtet: »Dimotschka, was stehst du denn hinter deinem Schreibtisch wie ein Erdmännchen vor seiner Schlafhöhle?« Medwedew: »Ich weiß nicht, ob Sie es bemerkt haben, aber ich bin nicht übermäßig groß. Wenn ich mich setze, übersieht man mich.« Auch Napoleon-Komplexe spielten bei Putins Kür eines Intermezzopräsidenten für die Rochadenjahre 2008 bis 2012 eine Rolle. Überhaupt Komplexe, wenn man sich an der psychologischen Deutung dieses Mannes versuchen möchte. Gefragt, ob in den Neunzigern irgendetwas auf Putins späteren kometenhaften Aufstieg hingedeutet hätte, antwortet der Kollege: »Nichts, überhaupt nichts. Ich hätte ihn wieder vergessen. *Natschisto*, komplett.«

2016. Sprechstunde an meiner Londoner Uni: zwei merkwürdige russische Gestalten. Sie wollen mich für irgendetwas mit der russischen Idee und Religion gewinnen, ein seltsamer Brei – ist das ein verdeckter Anwerbeversuch eines russischen Geheimdiensts? Ich komplimentiere sie hinaus. Ein Doktorand verdient 50 Pfund die Stunde als Nachhilfelehrer für einen reichen russischen Studenten, der weder zu den Lehrveranstaltungen noch zur Nachhilfe kommt. Aber pünktlich zahlt. Im Seminar habe ich eine Master-Studierende aus Moskau, die eigentlich Brokerin mit LSE-Abschluss und goldener Luxusuhr ist. Und glühende Putin-Anhängerin. Ich verstehe nicht, warum sie bei uns Geschichte studiert – will sie mit der Marke Goldsmiths ihr künstlerisch-kulturelles Kapital erhöhen, um bei Sotheby's anzuheuern, das immer bessere Geschäfte mit reichen Russen macht? Als Fachbereich beschließen wir, uns vom Konfuzius-Institut der Volksrepublik China an unserer Uni zu distanzieren. Ähnlich halten es immer mehr Kollegen und ich bei Forschungseinrichtungen wie dem Princess Dashkova Centre in Edinburgh, die von der Stiftung Russische Welt, dem kulturdiplomatischen *soft power*-Arm des Kreml, finanziert werden: Wir lehnen Einladungen von diesen ab.

2018. Meine jüngeren russischen Freunde bewegen sich politisch immer weiter nach links. Die USA und Russland sind beides Oligarchien, ob es »high-net-worth individual« oder Oligarch heißt, macht keinen Unterschied; die liberale Demokratie hat ausgedient, wir brauchen radikale Umverteilung oder gar eine soziale Revolution. Ich kann ihren Weg nachvollziehen, von 1999 (Kosovo) über den Irakkrieg 2003, Guantánamo, den Crash von 2008, Occupy, Syrien, Libyen, Obamas Drohnenkrieg in Afghanistan,

Rechtspopulismus, Trump, die digitale Revolution und mindestens ein Jahrhundert US-amerikanisch-imperialer Gewalt in Lateinamerika. Auch wenn ich die Verwischung der Grauabstufungen – Gewaltenteilung, Rechtsstaat, (relativ) freie Presse – für gefährlich halte.

2019. Krankenbesuch in einem Altenheim in Israel, halbe Strecke zwischen Tel Aviv und Jerusalem. Sehr gebrechliche Menschen aus aller Welt, niemand mehr gehfähig. Viel Personal aus Ukraine, auch nichtjüdisches. Speiseraum: An unserem Tisch ist Russisch lingua franca. Einer beschwert sich, dass niemand mehr Jiddisch kann. Ein anderer, letzter bekannter Überlebender des Aufstands von Sobibór, hört auf seinem Zimmer Deutsche Welle und erkundigt sich nach Merkels Nachfolgerin mit dem unaussprechlichen Doppelnamen. Das um den Hals gehängte iPhone der anderen klingelt zur Melodie der Kreml-Uhr, kremljowskie kuranti, zum Glück läuft jedoch im ganzen Altenheim der israelische russischsprachige Fernsehsender. Denn das russische Staatsfernsehen hat bei den Alten nur kognitive Dissonanzen verursacht: Einerseits rettet Russland in Syrien Assads demokratische Regierung; andererseits donnern Düsenjäger der israelischen Luftwaffe übers Haus, die von Syrien und Russland, eigentlich aber von Iran gestützte Hisbollah-Positionen in Syrien bombardieren müssen, um die Golanhöhen und vielleicht sogar bald israelische Städte vor deren Beschuss zu schützen. Was jetzt, wer hat nun Recht?

April 2022. Seit über einem Monat Russlands Krieg gegen Ukraine. Es wird immer grausamer, kein Ausweg in Sicht. Der Titel von Stephen Kotkins Buch von 2001 über das unblutige Ende der Sowjetunion, *Armageddon Averted*, verhindertes Armageddon, braucht jetzt eigentlich ein Fragezeichen am Ende. Ist der Krieg der Anfang vom Ende, von einem atomaren Armageddon, das menschliches Leben auf der Erde auslöscht? Verwandte und Freunde in Deutschland nehmen ukrainische Geflüchtete bei sich zuhause auf. Pawlowski kommentiert den Krieg aus seinem Londoner Exil fast jeden Abend im oppositionellen russischsprachigen Internet. Man hat nicht den Eindruck, dass ihn Gewissensbisse plagen, und doch ist er historisch gesehen eine Ermöglichungsbedingung, einer der Frankensteins, die das Monster Putin geschaffen haben – der vielen, vielen Frankensteins. »*Wojna ne ljubit* Zwischentöne«, Krieg mag keine Zwischentöne, sagt ein Berliner Freund. Krieg ist Gegensatz. Doch auch dieser Krieg hat eine Vorgeschichte der länger- und kürzerfristigen Ursachen, der Verletzungen und verpassten Chancen. Und in Sankt Petersburg bedeckt der alte Dissident sein Gesicht mit einem Handtuch, bevor er sich schlafen legt.

Kwame Anthony Appiah

Befreiungspsychologie

Frantz Fanon und der Glaube an Gewalt als Therapie

Sie hatten es auf ihn abgesehen. Daraus sprachen Furcht und Anerkennung zugleich. Frantz Fanon war Psychiater, er kannte sich aus mit der Ambivalenz von Gefühlen. In die Schusslinie war er allerdings aufgrund seiner revolutionären Aktivitäten in Algerien geraten. Die Kette der Ereignisse, die das zur Folge hatte, setzte mit einem Vorfall im Mai 1959 ein: Fanon war unterwegs zu einem Stützpunkt von algerischen Aufständischen an der marokkanischen Grenze, als der Fahrer die Kontrolle über den Wagen verlor und Fanon aus dem Auto herausgeschleudert wurde, wobei er schwere Rückenverletzungen erlitt. Manche behaupteten, die Straße sei vermint gewesen; andere meinten, das Auto sei präpariert worden.

Fanon wurde zur medizinischen Behandlung nach Rom geflogen. Auch hier sprang er dem Tod nur knapp von der Schippe: Seine Mitstreiter von der Nationalen Befreiungsfront Algeriens (FLN) ließen ihn mit einem Auto vom Flughafen abholen – an dem Fahrzeug hatten ihre Gegner Sprengstoff angebracht. Fanon kam nur deshalb mit dem Leben davon, weil der verirrte Ball eines Kindes die Bombe vorzeitig explodieren ließ. Eine Lokalzeitung berichtete dann über die Ankunft eines verletzten FLN-Funktionärs, mit dem die Explosion offenbar in Zusammenhang stand. Sogar das Krankenhaus, in dem er behandelt werden sollte, wurde genannt. Zwei bewaffnete Männer stürmten das ihm zugewiesene Zimmer und richteten ihre Waffen auf ein leeres Bett. Fanon hatte sich vorsorglich in ein anderes Zimmer verlegen lassen.

Ein Jahr später wartete er auf dem Flughafen von Monrovia, Liberia, auf einen Flug nach Conakry, Guinea, als man ihm und seinen FLN-Genossen mitteilte, das Flugzeug sei voll. Sonderbar zuvorkommende Mitarbeiter der Air France versicherten ihm, die Fluggesellschaft würde sie auf einen Flug am nächsten Tag buchen und die Kosten für die Übernachtung übernehmen. Fanon war auf der Hut: Allen war noch frisch im Gedächtnis, wie der FLN-Führer Ahmed Ben Bella vier Jahre zuvor gefangen genommen worden war, als sein Flugzeug mit französischer Besatzung von Rabat nach Tunis eine außerplanmäßige Zwischenlandung in Algier einlegte. Fanon und seine Kameraden brachen also mit dem Auto nach Conakry auf. Sie erfuhren später, dass der Flug, auf den sie umgebucht werden sollten, nach Abidjan umgeleitet und vom französischen Sicherheitsdienst gefilzt worden war. Wieder eine knappe Sache.

Wie kam es dazu, dass sich ein Psychiater inmitten eines solchen Irrsinns wiederfand? Wie wurde aus jemandem, der auf den Antillen geboren worden war, ein algerischer Revolutionär? Wie wurde aus einer zunächst unscheinbaren Figur der »für das 21. Jahrhundert wichtigste« revolutionäre Intellektuelle, wie Cornel West in seiner energischen Einleitung zu einer Jubiläumsausgabe von *Die Verdammten dieser Erde* schreibt?[1] Um zu verstehen, wie Fanon zu dem wurde, der er war, muss man sich anschauen, wie er angefangen hat.

Bildungskarriere

Es ist eine etwas unbequeme historische Wahrheit, dass die schärfsten Gegner des Kolonialismus größtenteils aus dem Bildungsbürgertum stammten. Geboren 1925 auf der in französischem Besitz befindlichen Antilleninsel Martinique, wuchs Fanon in einer Familie auf, in der es Bedienstete, privaten Musikunterricht für seine Schwestern und neben einem komfortablen Haus in der Hauptstadt auch ein Landhaus mit üppigem Garten gab. Sein Vater war Zollbeamter; seine Mutter, die offenkundig elsässische Vorfahren hatte, besaß einen Laden und – so David Macey,[2] der Autor einer vorzüglich recherchierten und umsichtigen Biografie über Fanon – einen Sinn fürs Geschäftliche. Fanon genoss eine hervorragende Ausbildung am Lycée Victor Schœlcher, an dem der Dichter Aimé Césaire Literatur lehrte.

Weil Fanon davon überzeugt war, dass die Freiheit »unteilbar ist«, meldete er sich 1944 bei Charles de Gaulle' Forces françaises libres. Es sollte eine nicht minder wichtige Etappe auf seinem Bildungsweg werden. In Nordafrika, wo er stationiert wurde, war die Rassenhierarchie unübersehbar. Fanon mag seine eigenen Vorurteile mitgebracht haben – in der französischen Karibik wurde man regelrecht dazu erzogen, Menschen aus Afrika südlich der Sahara zu verachten –, aber nun stellte sich heraus, dass die Araber alle Menschen dunkler Hautfarbe unterschiedslos verabscheuten und dass weiße Franzosen, obwohl sie die Bewohner der Antillen über Araber sowie Schwarzafrikaner stellten, sich letztlich allen anderen überlegen fühlten.

Als Fanons Bataillon nach Nordfrankreich und den Rhein hinauf geschickt wurde, wo ihn Granatsplitter in der Brust trafen, vertiefte sich seine

1 Frantz Fanon, *The Wretched of the Earth*. Ins Amerikanische übersetzt von Richard Philcox, mit einem Vorwort von Jean-Paul Sartre, einem Vorwort von Homi K. Bhabha und einer Einführung von Cornel West. New York: Grove Press 2021.

2 David Macey, *Frantz Fanon. A Biography*. London: Verso 2012.

Enttäuschung. Er hatte sich ins Gefecht geworfen für »Bauern, die sich einen Dreck scheren«. Bei den Feierlichkeiten anlässlich der Befreiung Frankreichs wollten die französischen Damen nicht mit einem Schwarzen tanzen, der doch sein Leben für sie riskiert hatte. Fanon war ein gebildeter Franzose, er hatte sich die Schätze der französischen Kultur einverleibt. Warum behandelte man ihn nicht entsprechend?

Immerhin stand ihm aufgrund seines Militärdiensts freier Zugang zu höherer Bildung zu, und so kam er nach Paris, wo er ein Studium der Zahnmedizin aufnahm. »Es gibt zu viele *nègres* in Paris«, schrieb er seinem Bruder Joby und bezog sich damit offensichtlich auf die Afrikaner, die er zu verachten gewohnt war, »und je weniger ich von ihnen sehe, desto besser geht es mir.« Nach einigen Wochen zog er nach Lyon, belegte einige naturwissenschaftliche Grundkurse und nahm ein Medizinstudium auf. In seiner Freizeit las er stapelweise Bücher und besuchte die Philosophievorlesungen von Maurice Merleau-Ponty. Er bekam ein Kind mit einer Kommilitonin aus dem Medizinstudium. (Die Vaterschaft erkannte er zwar an, wollte darüber hinaus aber weder mit der Frau noch mit der gemeinsamen Tochter etwas zu tun haben.) Er verfasste Theaterstücke, teils vermutlich, weil Jean-Paul Sartre, der Inbegriff französischer Intellektualität, das ebenfalls tat. Aber Fanon hatte schon immer einen Hang zum Dramatischen, im Großen wie im Kleinen: In einem Brief aus Lyon an seine liebe *Maman* erklärte er: »Ich glaube, ohne Kaffee muss ich sterben.«

Er ging gern ins Kino. Und das ist nicht nur so dahergesagt. Fanon liebte Filme – ihn als »cinephil« zu bezeichnen wäre vielleicht etwas zu hoch gegriffen für jemanden, der sich die Blockbuster seiner Zeit ebenso gerne ansah, wie er sich über sie beschwerte. Ein Freund, der mit Fanon gemeinsam zur Armee gegangen war, erinnerte sich, dass er sich während eines Fronturlaubs dazu überreden ließ, einen furchtbaren Film anzuschauen, weil Fanon ihm versichert hatte, es handele sich um ein »wunderbares amerikanisches Musical«. In der Forschung gibt es viel Material darüber, inwiefern Fanon von Merleau-Ponty beeinflusst wurde, über den Einfluss, den Filme auf ihn hatten, gibt es weniger. Doch die Leinwand sprach zu ihm, und es bereitete ihm Freude, mit ihr in Dialog zu treten.

Schauen wir uns zum Beispiel die einigermaßen rätselhafte Tatsache an, dass er sich 1949 für einen Fachwechsel entschied, zur Psychiatrie, eine Spezialisierung, für die er sich zuvor nicht sonderlich interessiert hatte. Natürlich gibt es für eine solche Entscheidung immer mehr als nur einen Auslöser. Aber man sollte nicht außer Acht lassen, welche Faszination der Hollywood-Film *Home of the Brave* auf ihn ausgeübt hatte, der im selben Jahr herausgekommen war. (In seinem ersten Buch *Schwarze Haut, weiße*

Masken bezieht sich Fanon mehr als einmal auf ihn.) Der Film handelt von einem schwarzen GI, der sich mit einer Reihe weißer Soldaten freiwillig für einen Pazifik-Einsatz meldet und mit einer hysterischen Lähmung zurückkehrt. Im Lauf des Films erforscht ein Psychiater, er wird immer nur »Doktor« genannt, die Psyche der Hauptfigur mittels »Narkosynthese« – einer Technik, bei der der Patient durch Schlafmittel wie Thiopental in einen tranceähnlichen Zustand versetzt wird, um dadurch Erinnerungen, die ihn umtreiben, zurück ins Bewusstsein zu holen. Der Psychiater stellt fest, dass der Zustand des Soldaten zwar durch ein erst kürzlich erlittenes Trauma ausgelöst wurde, tatsächlich aber mit rassistischen Erfahrungen aus der Kindheit – und generell historischen Ungerechtigkeiten – zusammenhängt.

»Es ist das Vermächtnis«, erklärt der Arzt, »von einhundertfünfzig Jahren Sklaverei. Von Bürgerrechten zweiter Klasse. Vom ›Anderssein‹«. Durch die Aufarbeitung dieser persönlichen und sozialen Traumata stellt der Arzt die Gesundheit des Mannes wieder her. Der Film hatte den vierundzwanzigjährigen Fanon zutiefst beeindruckt. Wie auch nicht? Der Seelenklempner ist ein breitschultriger Mann, ein wahrer Meister seines Fachs, der mit Spritzen ebenso behände umzugehen versteht wie in der Gesprächstherapie mit Worten: Selbst die vom Rassismus geschlagenen Wunden heilt er im Handumdrehen.

Narkosynthese

In dem Jahr, in dem Fanon sich für seinen Beruf entschied, lernte er auch die achtzehnjährige Gymnasiastin Josie kennen, deren linksgerichtete Eltern gegen ihre Heirat drei Jahre später keinerlei Einwände erhoben. Es kam ihm durchaus gelegen, dass sie eine geübte Schreibkraft war, da Fanon es vorzog, seine Texte zu diktieren und laut zu deklamieren, während er auf und ab ging. Und bald gab es viel zu tippen. 1951 veröffentlichte er einen Artikel mit dem Titel *L'expérience vécue du Noir* (»Die erlebte Erfahrung des Schwarzen«), der das Kernstück von *Schwarze Haut, weiße Masken* bilden sollte, das im folgenden Jahr erschien. (Der Titel bezog sich auf *Die gelebte Erfahrung*, den zweiten Band von Simone de Beauvoirs *Das andere Geschlecht* von 1949.)

Schwarze Haut, weiße Masken – ein bunter Strauß aus Kulturkritik, Memoiren und Gesellschaftsanalyse – kann selbst ein Gefühl von Narkosynthese vermitteln, das Buch gleicht einer Sitzung im Wachtraum. Es gibt darin auch einige ulkige Passagen. So vertritt Fanon die Meinung, dass auf den Antillen der Ödipuskomplex nicht existiere (ein Psychoanalytiker fände es wohl bezeichnend, dass Fanon seine Mutter vergötterte und seinen Vater als ihrer unwürdig ansah), dies sei auch der Grund, weshalb es auf den Antillen keine Homosexualität gebe. Man sehe dort zwar den ein oder anderen Mann in Frauenkleidung, aber er sei »überzeugt, daß sie ein normales Geschlechtsleben führen«.[3] Außerdem findet er ein geradezu beißendes Vergnügen daran, rassistisch aufgeladene Episoden aus Filmen nachzuerzählen, obwohl einige davon seine eigenen Projektionen zu sein scheinen. Als er auf den Film *Crash Dive* (1943) zu sprechen kommt, schreibt er von einem schwarzen U-Boot-Matrosen, der vor der Willkür des Quartiermeisters zittert und am Ende umgebracht wird. Tatsächlich aber hat der Matrose (hervorragend gespielt von Ben Carter) keine Angst vor dem älteren Mann namens Mac, sondern er hat Angst *um* Mac. Denn der schwarze Matrose ist der Einzige, der um Macs Herzleiden weiß. Noch dazu ist es Mac, der bei einem Angriff getötet wird, während der schwarze Matrose, obwohl er in eine wilde Schießerei gerät, heil und gesund zurückkehrt.

Noch bezeichnender ist Fanons Darstellung eines wichtigen Wortwechsels aus *Home of the Brave*. Gegen Ende des Films gibt es ein Gespräch zwischen einem Überlebenden der verhängnisvollen Mission, dem seitdem ein Arm fehlt, und dem schwarzen Soldaten Peter Moss. Fanon zufolge sagt der Amputierte zu Peter: »Finde dich mit deiner Hautfarbe ab, so wie ich mich mit meinem Stumpf abfinde, wir sind alle beide Unfallgeschädigte.« Fanon nimmt Anstoß daran, dass der Film ihm hier »die Demut des Kranken« vorschreibe. Tatsächlich aber hat er die Szene falsch verstanden. »Nein, wir sind nicht dieselben«, sagt der Mann zu Peter. »Ich habe nichts in diesem Ärmel außer Luft, Kleiner.« Er will damit nur sagen, dass es immer irgendwelche Fanatiker geben wird, die sich einen Spaß daraus machen, sie beide zu verspotten und zu quälen. Das Drehbuch wurde nach einem Theaterstück von Arthur Laurents über einen jüdischen GI – nicht Peter Moss, sondern Peter Coen – verfasst und hält sich, abgesehen von den notwendigen Übertragungen, an dieser Stelle ziemlich genau an die Dialoge von Laurents.

Fanon kannte sich aus mit dieser Art von Übertragung: *Schwarze Haut, weiße Masken* schrieb er unter dem Einfluss von Sartres *Réflexions sur la question juive* (*Überlegungen zur Judenfrage*) von 1946. In dem Essay wurde ein Problem aufgeworfen, so Fanon, das »mich zutiefst bewegt«. Sartres These war, dass der Antisemit und der Jude Kategorien sind, die sich gegenseitig bedingen: »Der Jude ist jemand, den andere Menschen als Jude betrachten […] Es ist der Antisemit, der den Juden *erzeugt*.« Dass Sartres Argumentation in Bezug auf die *question juive* nicht vollständig überzeugen kann, ist schon häufig bemerkt worden. Was die wechselseitig bedingte Ent-

3 Frantz Fanon, *Schwarze Haut, weiße Masken*. Frankfurt: Suhrkamp 1985.

stehung von Weißsein und Schwarzsein angeht, ist sie hingegen durchaus erhellend. In einer berühmten Passage erzählt Fanon von einem Kind in Frankreich, das ihn auf der Straße bemerkt und sagt: »Mama, schau doch, der Neger da, ich hab' Angst!« Es ist genau dieser Blick, der einen Menschen schwarz werden lässt.[4]

Für Fanon war klar, dass »das, was man die schwarze Seele nennt, eine Konstruktion der Weißen ist«, dass »ein Schwarzer nicht als Mensch gesehen wird«, dass der gesamte »psycho-existentielle Komplex« hinter Schwarzsein und Weißsein abgeschafft werden muss. In einer oft missverstandenen Passage aus dem Kapitel »Die erlebte Erfahrung des Schwarzen« stellt er sich selbst als von der Idee der Négritude berauschten Neuling dar, der sein ganzes Herz an Aimé Césaires klangvolle Huldigungen der schwarzen Seele hängt. (»Meine Négritude ist weder ein Turm noch eine Kathedrale || Sie reicht tief hinab in das glutrote Erdreich.«) Als er dann Sartres Texte über panafrikanische Poesie liest, erfährt er, dass die Négritude »nur ein Schritt der Dialektik« sei: Die Négritude sei die Antwort auf die weiße Vorherrschaft und somit ein antirassistischer Rassismus, eine Etappe auf halbem Weg zu einer Gesellschaft ohne Rasse. »Als ich diese Zeilen las, spürte ich, daß man mir meine letzte Chance raubte«, schreibt Fanon. »Ich hatte das Bedürfnis, mich absolut in Négritude zu verlieren [...] Jedenfalls *hatte ich das Bedürfnis*, zu ignorieren.«

Tatsächlich handelt es sich bei dieser Passage um eine Art Theaterstück – ein weitaus gelungeneres als Fanons wirkliche Theaterstücke –, in dem der Erzähler eine schmerzhafte Bekehrungserfahrung durchlebt: Er wettert gegen Sartres Offenbarung, betrauert und verarbeitet sie. Man missversteht den Text, wenn man dieses Drama als einen autobiografischen Bericht und nicht als inszenierte Dialektik versteht. Es gibt keinen Anhaltspunkt dafür, dass Fanon jemals dem Credo anhing, die schwarze Hautfarbe stünde über anderen.

4 Fanon schreibt »Regarde le nègre!«. Bei der Übersetzung stellt das Wort »nègre« immer ein Problem dar. Richard Philcox, der *Schwarze Haut, weiße Masken* mit Sorgfalt und Geschick ins Englische übersetzt hat – es war zweifellos hilfreich, dass er mit der Antillen-Autorin Maryse Condé verheiratet ist –, gibt das Wort »nègre« je nach Kontext abwechselnd als »negro« oder als »N-Wort« wieder; und das französische Wort ist in der Tat ein Viertelton zwischen beidem. Es wurde, insbesondere in der Zeit, in der Fanon schrieb, durchaus als Pejorativum gebraucht, war aber nicht wirklich eine Profanierung. Für englischsprachige Leser ist der französische Begriff wie eine »blue note«, die man aus einer Jazz- oder Blues-Melodie ableiten muss, weil sie nicht notiert werden kann.

»O mein Leib, sorge dafür, daß ich immer ein Mensch bin, der fragt!« – in *Schwarze Haut, weiße Masken* stellt Fanon diesen Imperativ als sein »letztes Gebet« vor. Ein fragender Geist durchzieht das Buch. Er war skeptisch gegenüber den Heilmitteln, die für die Wunden des Rassismus im Umlauf waren. »Ich habe weder das Recht noch die Pflicht, für das Unrecht an meinen Vorfahren Entschädigung zu verlangen«, schreibt er. »Ich bin nicht Sklave der Versklavung, die meine Väter entmenschlicht hat.« Die gebotene Emanzipation des Geistes lässt sich nicht einfach dadurch erreichen, dass man sie postuliert. Sie muss in Angriff genommen werden. »Der Schwarze kennt den Preis der Freiheit nicht, weil er nie für sie gekämpft hat«: Das Gefühl, die Freiheit habe keinen Wert, wenn sie nicht erkämpft wird, ist der Schlüssel zu seinem späteren Werk. Er war bereit für sie zu kämpfen – überall. Das bedeutete, dass er irgendwo damit anfangen musste.

Arbeit als Psychiater

Wenn jemand gezeigt hat, dass die Psychiatrie ein Instrument der Befreiung sein kann, dann war es François Tosquelles, bei dem Fanon ein Praktikum absolvierte. Tosquelles war der Begründer der institutionellen Psychotherapie, auch »Soziotherapie« genannt. Während des Spanischen Bürgerkriegs behandelte der in Katalonien aufgewachsene linke Aktivist republikanische Kämpfer. In einem Krankenhaus in Saint-Alban, Südfrankreich, entwickelte er einen therapeutischen Ansatz, der nicht nur die Patienten, sondern auch das Krankenhaus selbst in den Blick nahm: Er versuchte, unter Verzicht auf jeden noch so kleinen Autoritarismus eine Art Gemeinschaft innerhalb der Einrichtung aufzubauen.

»Ich möchte in ein unterdrücktes Land gehen, um dort Kranke zu heilen«, schrieb Fanon an seinen Bruder, nachdem er die nötigen Qualifikationen erworben hatte, um als Chefarzt in der Psychiatrie zu arbeiten. Sein Wunsch ging in Erfüllung, als ihm im Herbst 1953 eine Stelle im Hôpital psychiatrique de Blida-Joinville angeboten wurde, eine Autostunde südlich von Algier. Alten Mythen zufolge befreite Fanon seine Patienten ganz wortwörtlich, indem er ihnen die Fußfesseln abnahm. Aber Blida war kein Bedlam, keine grausame Irrenanstalt; es war eine vergleichsweise gemäßigte Einrichtung, wo körperliche Fixierung als letztes Mittel eingesetzt wurde. Und Fanon selbst war in vielerlei Hinsicht ein konventioneller Psychiater, der regelmäßig Lithium, Beruhigungsmittel und Elektroschocktherapie einsetzte.

Beruflich bestand die Schwierigkeit für ihn darin, dass das Krankenhaus – die größte Einrichtung dieser Art in Nordafrika – viele nichteuropäische

Patienten hatte und er kein Arabisch, geschweige denn irgendeine Form des Berberischen sprach, was bedeutete, dass er mit seinen Patienten oft über einen Übersetzer kommunizieren musste. Er versuchte, die Voraussetzungen für den soziotherapeutischen Ansatz zu schaffen, richtete ein kleines Café für die Patienten und das Personal ein und gab sogar eine Zeitung, *Notre Journal*, heraus. Doch diese Maßnahmen kamen in der Regel am besten bei den Mitgliedern der französischen Siedlergemeinschaft an. Die maghrebinischen Patienten konnten die Zeitung meist nicht lesen, und die Männer wollten kein Café besuchen, in dem auch Frauen zugegen waren. (Fanon musste es schließlich nach Geschlechtern trennen.) Ein anderer Teil seiner Soziotherapie schien jedoch vielversprechend, wenn es darum ging, solche Schwierigkeiten zu überwinden: Er zeigte Filme.

Sein Temperament kollidierte gelegentlich mit seinen demokratischen Idealen: Er war ein anspruchsvoller, oft gereizter und zu Wutausbrüchen neigender Vorgesetzter. Die Krankenschwestern in Blida erzählten Fanons erstem Biografen Peter Geismar, dass sie zwar höchsten Respekt vor ihm hatten, die Arbeit unter ihm aber die Hölle gewesen sei. Doch dann verschlimmerten sich die Spannungen innerhalb des Krankenhauses unweigerlich durch die Spannungen von außen. Weniger als ein Jahr nach Fanons Ankunft brach in Algerien ein nationaler Befreiungskrieg aus. Fünf Monate später, im Frühjahr 1955, rief Frankreich den Ausnahmezustand aus.

Die Guerillakämpfer der FLN spezialisierten sich auf Hinterhalte und Bombenanschläge. Die Franzosen reagierten mit schrecklicher Unbarmherzigkeit. Frankreich hatte gerade in Indochina eine Demütigung einstecken müssen, und während es bei anderen überseeischen Besitzungen bereit war, über verschiedene Grade der Unabhängigkeit oder Integration zu verhandeln, lag der Fall bei Algerien anders. Algerien war seit mehr als einem Jahrhundert offizieller französischer Landesteil und zur Heimat von mehr als einer Million französischer Staatsbürger – den *pieds noirs* – geworden, die eine lautstarke Wählerschaft darstellten.

Die französischen Behörden griffen routinemäßig zur Folter. Verdächtige wurden einer Art Waterboarding unterzogen, ihnen wurden Verbrennungen mit Lötlampen zugefügt, an empfindlichen Köperstellen Elektroden angebracht, Gegenstände in Körperöffnungen eingeführt. Es ist nachvollziehbar, dass sich jemand, der ein Gewissen besitzt, angesichts der Realität staatlich ausgeübter Folter politisch radikalisiert – Fanon aber war bereits radikalisiert in Algier angekommen. Bald wurden Zivilisten auf beiden Seiten als Freiwild betrachtet. Die FLN und ihr militärischer Arm, die Armee der Nationalen Befreiung (ALN), setzten auf die Guerillavariante des totalen Kriegs. Sie nahmen jeden ins Visier, der Franzose war, und viele, die es nicht waren – nicht zuletzt ihre Gegner auf der eigenen Seite, die algerischen Nationalisten und Revolutionäre um Messali Hadj.

In Blida behandelte Fanon sowohl Folteropfer als auch Folterer, darunter einen Polizisten, der mit dem Feingefühl eines Weinverkosters die Schreie der Gefangenen im Verlauf einer Folterung unterscheiden konnte. So wie Tosquelles unter dem Vichy-Regime in Saint-Alban Flüchtlingen Schutz gewährt hatte, bot auch Fanon FLN-Mitgliedern einen sicheren Unterschlupf. Er knüpfte Verbindungen zu Abane Ramdane, der manchmal als Architekt der Revolution bezeichnet wird. Als die Razzien nicht abrissen, war Fanon klar, dass es nur eine Frage der Zeit sein würde, bis man seine Aktivitäten aufdeckte, und so setzte er sich Anfang 1957 mit seiner Frau nach Tunesien ab. Dort fand er eine Stelle als Psychiater im Krankenhaus von Manouba und schrieb regelmäßig für das FLN-Organ *El Moudjahid*.

Der Zeitpunkt für diesen Schritt war gut gewählt. In gewisser Weise war Algerien nicht mehr das Zentrum des Geschehens. Die sogenannte Schlacht von Algier, bei der im Herbst 1957 die lokalen FLN-Zellen zerstört wurden, markierte das Ende des Vormarschs der Aufständischen in Algerien und, in einer zermürbenden Pattsituation, auch der Dominanz der Mitglieder, die nach Tunesien gegangen waren. Fanon, der nun offen über seine Verbindungen zur FLN sprechen konnte, fiel durch seine elegante Kleidung auf, mit seinen Hemden und Anzügen, die er in Europa schneidern ließ. Dies mag seine Beliebtheit unter den arabischen Arztkollegen nicht gerade gesteigert haben, die ihn als den »nègre« bezeichneten. Wie die Psychoanalytikerin Alice Cherki, eine Freundin und Kollegin, berichtet, fühlte er sich nur in der Gesellschaft von kosmopolitischen Charakteren – hauptsächlich tunesischen Juden und französischen Freiwilligen – wirklich wohl. Er liebte es zu tanzen, aber nicht im Beisein seiner algerischen Kameraden. Zum Glück gab es in Tunis ein gutes Kino, La Rotonde, wo er gerne in der ersten Reihe saß.

Wahrheit und Propaganda

Für den Kampf war Fanon in erster Linie wertvoll als zweifellos hervorragender Propagandist. Nach dem Massaker von Melouza im Mai 1957, bei dem ALN-Kämpfer in einem abgelegenen Dorf Hunderte Menschen niedergemetzelt hatten, die sie verdächtigten, den falschen Unabhängigkeitsführer unterstützt zu haben, gab Fanon eine Erklärung, in der er andeutete, die Franzosen hätten den Vorfall wohl »inszeniert«. Dies war nur eine von vielen Unwahrheiten, die er billigte oder verbreitete. Dank der außergewöhnlichen Archivierungsbemühungen zweier britischer Wissenschaftler, Jean Khalfa und Robert J. C. Young, den Herausgebern der Fanon-Sammlung *Aliena-*

tion and Freedom,[5] sind uns heute diverse ehemals verlorene Schriften zugänglich, darunter auch die Kolumnen für *El Moudjahid*, an denen Fanon beteiligt gewesen zu sein scheint. Da ist die Rede von wunderbaren Siegen, als es keine Siege gab. Der Zweck heiligte die Mittel, der Zweck bestand für Fanon aber eben auch aus dem Kampf um das schiere Überleben.

Mohammed Harbi, ein algerischer Revolutionär, der später Historiker wurde, hat darauf aufmerksam gemacht, dass Fanon sich immer dann, wenn es einen internen Konflikt zwischen Hardlinern gab, auf die Seite desjenigen schlug, der *härter* zu sein schien. So war er in Sicherheit. Obwohl das Vertrauen, das er unter den FLN-Führern genoss, aus seiner Verbindung mit Ramdane herrührte, blieb er auf Distanz, als Ramdane in Ungnade fiel. Ramdane hatte eine Erklärung mitverfasst, die 1956 auf einem FLN-Kongress in Soummam ausgearbeitet wurde und eine unabhängige algerische Republik forderte, die »die wahre Gleichheit aller Bürger des Heimatlands ohne jede Diskriminierung« garantieren und das Militär unter politische Kontrolle stellen sollte. Ein Jahr später wurde diese Erklärung auf einem weiteren FLN-Kongress in Kairo zurückgewiesen; das künftige Regime sollte mit den Lehren des Islam in Einklang stehen, und die Militärs sollten die Oberhand behalten.

Zu Beginn des Jahres 1958 lockten seine FLN-Rivalen Ramdane nach Marokko und erdrosselten ihn. (Fanon ließ später durchblicken, dass die Ermordung auf seinem Gewissen lastete, was David Macey zu der Mutmaßung veranlasst, dass er an der Verschwörung beteiligt gewesen sein könnte.) *El Moudjahid*, dessen Redaktionskomitee Fanon angehörte, schwieg sich monatelang darüber aus und verkündete dann, Ramdane habe sein Leben »auf dem Feld der Ehre« verloren. Fanon war wenigstens ehrlich, was sein Geschäft anging. »Im kolonialen Kontext«, schrieb er, »gibt es kein wahrhaftiges Verhalten.« Oder besser gesagt: »Wahrheit ist das, was die Beseitigung des kolonialen Regimes herbeiführt.«

Als Fanon 1954 auf der Autofahrt in Marokko verunglückte, lag die Frage nahe, ob das wirklich ein Unfall gewesen war. Macey kann plausibel darlegen, dass der Fahrer wohl einfach auf dem Schotter ins Schleudern geraten und die Bombe in Rom offensichtlich für einen anderen FLN-Funktionär bestimmt gewesen war. Macey führt außerdem überzeugend aus, dass die Bombenleger und Angreifer, die weithin der »Main Rouge« zugerechnet wurden, einer angeblichen Terrorzelle von Kolonisten, im Auftrag der französischen Geheimdienste gehandelt hatten. Alice Cherki zufolge

5 Frantz Fanon, *Alienation and Freedom*. Hrsg. v. Jean Khalfa u. Robert J. C. Young. Übersetzt von Steven Corcoran. London: Bloomsbury 2018.

neigte Fanon dazu, »überall unterschiedslos Spionage zu vermuten«. Doch die Welt hatte sich sein Misstrauen durchaus verdient.

Im Herbst 1959 erschien Fanons Buch *L'an V de la révolution algérienne (Aspekte der algerischen Revolution)*, durch das er zum internationalen Sprecher der FLN wurde. Darin distanzierte er sich im Namen der Bewegung von den Aktionen »jener Brüder, die sich mit der fast physiologischen Brutalität, die jahrhundertelange Unterdrückung hervorbringt, in die revolutionäre Aktion gestürzt haben«, Brüder, die ihm und seinen Genossen »einen Stich ins Herz« gäben. Im Grunde gehe es bei diesem Kampf um die Schaffung »eines neuen algerischen Menschen«.

Zu einem Zeitpunkt, als die Befürworter der Soummam-Charta bereits ermordet oder marginalisiert wurden, tat Fanon so, als seien die säkularen Ideale der Charta weiterhin gültig: Jeder, der in Algerien lebte, sei ein Algerier, versicherte er seinen Lesern, und könne sich für die Staatsbürgerschaft in einem Staat entscheiden, in dem »jede Art von Geist gedeihen kann«. Er betonte außerdem, die algerische Familie hätte sich verändert, es habe »die Geburt einer neuen Frau« stattgefunden. Was die scheinbare Verbannung der weiblichen Landbevölkerung in die häusliche Sphäre betrifft, so sei dies eine taktische Entscheidung der Frauen selbst, um ihr revolutionäres Bewusstsein zu vertiefen. Linksgerichtete FLN-Mitglieder wie Harbi waren entsetzt über die Art und Weise, wie Fanon das Patriarchat schönredete. Es spricht einiges dafür, dass die reale Stellung der Frau im Maghreb und in der Revolution zu den Wahrheiten gehörte, die Fanon »nicht wahrhaben wollte«.

Gewaltfragen

Als die FLN zu diplomatischen Zwecken eine Exilregierung gründete, wurde Fanon zu einem ihrer Vertreter ernannt. In den Versammlungen der antikolonialen Führer profilierte er sich schnell als eine Art Anti-Gandhi und arbeitete die Argumente aus, die er später in seinem Essay *Von der Gewalt* veröffentlichte. Die Dekolonisation, betonte er, sei ein inhärent gewaltsamer Akt. Sie war gewalttätig, weil etwas so Wertvolles wie eine Kolonie niemals ohne Gewalt aufgegeben werden würde; sie war gewalttätig, weil eine gesamte soziale Ordnung auf den Kopf gestellt werden musste, wenn die Ersten zu den Letzten und die Letzten zu den Ersten werden sollten; sie war gewalttätig, weil der Kolonialismus selbst eine Folge von Gewalt war und seine Opfer ohne den Einsatz weiterer Gewalt nicht geheilt werden konnten. Hatte er früher die Brutalität, zu der »einige« getrieben worden seien, fromm verleugnet, kehrte er nun deren therapeutische Wirkung hervor: Auf der politischen Ebene vereinige die Gewalt die Massen, indem sie die durch den Kolonialismus geschaffenen Trennungen und Segmentierungen auflöse, während sie auf der individuellen Ebene »eine reinigende Kraft« darstelle, die »die Kolonisierten von ihrem Minderwertigkeitskomplex befreit« und »ihre Selbstachtung wiederherstellt«.

Die Gleichsetzung von Selbstachtung und Gewalt zog sich auch durch sein Privatleben – seine Beziehungen zu Frauen, schreibt der Wissenschaftler Félix F. Germain, »waren von Gewalt geprägt«.[6] Der aus Benin stammende Dichter Paulin Joachim war Zeuge mehrerer Vorfälle, bei denen Fanon im Verlauf eines Streits seine Frau schlug. »Er tat es, um sie zu demütigen«, so Joachim gegenüber Germain. »Er war ein sehr gewalttätiger Mann.« Er schlug seine Frau vor den Augen der anderen und erklärte dann lapidar: »Ich räche mich.« Auch Maryse Condé hörte solche Geschichten von Fanons Familienmitgliedern. Für viele Fanon-Forscher ist es jedoch nach wie vor ein unumstößliches Credo, dass er persönlich Gewalt verabscheut habe. *Ich räche mich*. Vielleicht sind das Dinge, die wir nicht wahrhaben wollen.

Seine Theorie, derzufolge die Dekolonisation ein Projekt von ungeheurer Gewalttätigkeit sei, traf zunehmend auf eine Realität, in der das für die meisten afrikanischen Nationen gar nicht zutraf. Fanon war wütend über die mangelnde Wut der Bewohner von Martinique – sie hatten 1958 dafür gestimmt, weiterhin zu Frankreich zu gehören. Er äußerte sich verächtlich, als im Jahr darauf ein tödliches Handgemenge in Fort-de-France nicht in eine Revolution mündete. Die Tatsache, dass Kolonien wie der Senegal und die Elfenbeinküste ihre Unabhängigkeit weitgehend schrittweise und auf bürokratische Weise erlangten, war für ihn Beweis genug, dass es sich um Augenwischerei handeln musste. Ganz besonders machte ihm Ghana zu schaffen, wo er sich in den späten 1950er Jahren aufhielt. Die Befreiung von den Briten hätte ein Blutbad werden können; stattdessen war der Unabhängigkeitstag am 6. März 1957 ein Fest, an dem nicht nur Martin Luther King und A. Philip Randolph teilnahmen, sondern auch die Herzogin von Kent und Vizepräsident Richard Nixon. Fanon war felsenfest davon überzeugt, dass diese Unabhängigkeit nur eine Mogelpackung sein konnte.

Als die FLN ihn in die ghanaische Hauptstadt Accra entsandte, sah er sich einer politischen Elite gegenüber, die von der verabscheuungswürdigen »nationalen Bourgeoisie« durchsetzt war. Aber er bemerkte auch viele junge Männer im besten Kampfalter und hatte eine Idee: Man müsste sie in eine afrikanische Legion eingliedern und in den Kampf für ein freies Algerien entsenden, das wahre *Home of the Brave*. Das klingt, als sei Fanons In-

6 Félix F. Germain, *Decolonizing the Republic. African and Caribbean Migrants in Postwar Paris, 1946–1974*. East Lansing: Michigan State University Press 2016.

teresse an Ghana vor allem instrumenteller Natur gewesen, weil es Nachschub an Menschenmaterial für den gewalttätigen revolutionären Kampf versprach. Er selbst hätte das nicht so gesehen. Der Wert der Freiheit lasse sich nicht begreifen, wenn wir nicht unser Leben für sie riskieren, war eine seiner Maximen. So betrachtet hätte er die Ghanaer vor einem allzu banalen und unblutigen Unabhängigkeitsprozess bewahrt.

Während er durch Mali fuhr, schmiedete er Pläne für eine kühne neue Militärstrategie. Westafrikanische Soldaten sollten mit Tausenden von Maschinengewehren und anderen Waffen ausschwärmen und durch die Sahara von Süden her nach Algerien vordringen. Es war eine hirnrissige Idee. Nachschublinien durch die Sahara? Die algerischen Rebellen verachteten die Nomaden im Landesinneren, die diese Gefühle erwiderten und sich auf die Seite der Franzosen stellten; außerdem wäre ein Wüstenkonvoi mit Waffen und Truppen völlig ungeschützt und leicht zu vernichten gewesen.

Auf politischem und strategischem Gebiet konnte Fanons unverbesserliches Misstrauen ihn verhängnisvoll leichtgläubig machen. Er verehrte Sékou Touré aus Guinea, dessen despotische Tendenzen kein Geheimnis waren und in ein ziemlich stalinistisches Regime mündeten. Fanon lenkte seine algerischen Genossen auf einen desaströsen Kurs, als es um eine andere von Siedlern geprägte Kolonie ging, nämlich um das portugiesische Angola. Er gehörte einer FLN-Delegation an, die Anfang 1960 mit Mitgliedern der Volksbewegung zur Befreiung Angolas (MPLA) zusammentraf – einer Gruppe, die Amílcar Cabral, der aus seiner Heimat Portugiesisch-Guinea (heute Guinea-Bissau) ins Exil gegangen war, mit aufgebaut hatte. Fanon positionierte sich gegen die Bewegung, weil sie sich nicht ausreichend auf die Bauernschaft konzentrierte und sich zu sehr mit langfristiger Planung aufhielt. Warum, fragte er, warteten sie auf den richtigen Augenblick? Man müsse einfach nur »anfangen«, so Fanon, denn jeder Angriff würde eine spontane antikoloniale Revolution auslösen. Fanon brachte die FLN dazu, stattdessen eine Rebellengruppe zu unterstützen, die von einem tribalistischen Warlord namens Holden Álvaro Roberto angeführt wurde, und wischte dabei Warnungen über dessen Verbindungen zur CIA und seine mangelnde regionale Legitimität beiseite. Alles, was zählte, war, dass Roberto im Gegensatz zu Cabral bereit war, zu schießen, ohne irgendwelche Vorbereitungen zu treffen.

Und so begannen Robertos Truppen, die überwiegend aus Angehörigen des Bakongo-Volks bestanden, ihren von Fanon genehmigten Beutezug und massakrierten portugiesische Siedler wie auch Dorfbewohner, die nicht zu den Bakongo gehörten. Die portugiesischen Streitkräfte schlachteten daraufhin nicht nur Robertos chaotische Bande ab, sondern auch jeden, der mit der MPLA in Verbindung stand. Zehntausende von Menschen wurden getötet. Auch die Entscheidung der FLN, Robertos Gruppe als provisorische Regierung Angolas anzuerkennen, blieb nicht ohne Folgen. Es dauerte nicht lange, da gründete Robertos »Außenminister« Jonas Savimbi eine weitere Rebellengruppe, die UNITA. Noch lange nach dem Rückzug Portugals herrschte in Angola ein Bürgerkrieg, der Hunderttausende von Menschenleben kostete. Das Tragische war nicht nur, dass Fanon anscheinend genauso wenig über Angola wusste wie seine FLN-Kollegen, sondern dass ihm noch nicht einmal bewusst war, wie wenig er wusste.

Die Verdammten dieser Erde

Im Dezember 1960 wird bei dem abgemagerten Fanon Leukämie diagnostiziert. Ihm war klar, dass ihm nur noch wenig Zeit blieb, und so wandte er sich dem Buch zu, das er noch veröffentlichen wollte. Mit Feuereifer stellte er die Kapitel von *Die Verdammten dieser Erde* zusammen. Den Kern bildete eine überarbeitete Fassung des Essays *Von der Gewalt*, der in Sartres Zeitschrift *Les Temps Modernes* erschienen war. Hinzu kamen Überlegungen zur »Spontaneität«, eine Tirade gegen die Führungseliten friedlicher postkolonialer Staaten, eine Rede, die er auf einer literarischen Konferenz gehalten hatte, und eine Reihe erschütternder psychiatrischer Fallberichte, in denen es um Gewaltopfer wie um Gewalttäter ging. (Er war bestürzt darüber, dass die Technik des Pentothal-gestützten Gesprächs – also im Grunde die Narkosynthese – von Militärärzten für Gefangenenverhöre verwendet wurde.)

Fanon, dessen Name einem breiteren Publikum nicht bekannt war, wusste, was es für einen Unterschied machen würde, wenn Sartre ein Vorwort für das Buch beisteuerte. Im Sommer wurde ein Treffen in Rom arrangiert. »Er setzte sich hin, sprang auf, setzte sich wieder«, berichtete Beauvoir, die Sartre begleitete, in ihren Erinnerungen. »Alles mit abrupten Gesten, aufgeregter Mimik, misstrauisch flackernden Augen.« Sartre erklärte sich bereit, das Vorwort zu schreiben. Eine weitere Bitte Fanons, nämlich eine Erklärung abzugeben, er werde kein einziges Wort mehr schreiben, bis der Krieg in Algerien beendet sei, lehnte Sartre ab. Fanon, so Beauvoir, war überzeugt, dass dies »die öffentliche Meinung in ihren Grundfesten erschüttert« hätte.

Manche Teile von *Die Verdammten dieser Erde* haben eine mitreißende Kraft, selbst wenn ihre Behauptungen in krassem Widerspruch zur Realität stehen. (»Sich vorstellen, daß man eine schwarze Kultur schaffen wird, heißt vor allem vergessen, daß der *Neger* im Begriff ist, zu verschwinden, weil diejenigen, die ihn geschaffen haben, der Auflösung ihrer ökonomischen und kulturellen Vorherrschaft beiwohnen.«) Doch oft kommt auch die Prosa des

Parteiapparatschiks durch. Das ist besonders auffällig, wenn es um Fanons »Bauernmessianismus« geht, wie Harbi es nennt.[7] Fanon, der sehr wenig über die algerischen Bauern wusste, machte sie zu magischen, »spontan revolutionären« Wesen, zu einer Quelle von »ungeahnter Zärtlichkeit und Vitalität«.

Sein größter Fehler bestand jedoch darin, dass er den Sonderfall Siedlerkolonie für das allgemeingültige Kolonialmodell hielt. In welchem Sinn waren die Kolonien zu wertvoll, als dass man sie freiwillig hätte aufgeben wollen? Fanons Analyse wäre treffender gewesen, wäre er ein besserer Marxist gewesen oder hätte er sich zumindest mit den Debatten über die wirtschaftlichen Realitäten der Kolonisierung auseinandergesetzt. Mit Grover Clarks *The Balance Sheets of Imperialism* lag bereits seit den 1930er Jahren ein wichtiges Werk vor, in dem detailliert dargelegt wurde, dass die Beibehaltung von Kolonien aus ökonomischer Sicht ein schlechtes Geschäft war, und viele Experten stimmten dem zu. Für Fanon kam bei der Dekolonisation ein Gestank »nach glühenden Kanonenkugeln und blutigen Messern« zum Vorschein; in Wahrheit stank sie oft nach roten Zahlen und doppelter Buchführung.

Kurz nach dem Erscheinen von *Die Verdammten dieser Erde* im Oktober 1961 verschlechterte sich Fanons Gesundheitszustand zusehends. Er hatte sich zuvor in Moskau behandeln lassen und war eine Zeit lang voller Hoffnung. Aber selbst die Sowjets schienen der Meinung zu sein, seine beste Chance bestünde darin, sich in den Vereinigten Staaten behandeln zu lassen. Er landete im NIH Clinical Center, wo er von Holden Roberto besucht wurde, der sich in Washington für seine Gruppierung einsetzte, und von einem ihm zugewiesenen CIA-Beamten. Da Fanon es liebte zu reden und die Aufgabe des CIA-Manns darin bestand, zuzuhören, entwickelte sich zwischen ihnen das, was Fanons Biograf Patrick Ehlen eine »gegnerische Freundschaft« nannte. Fanon starb am 6. Dezember 1961, nur sieben Monate vor der offiziellen Unabhängigkeit Algeriens.

Nachruhm

Sein Ruhm und eine breite Leserschaft stellten sich erst postum ein, interessanterweise vor allem in der englischsprachigen Welt. (Die französische Forschung über Fanon ist vergleichsweise spärlich.) Die amerikanische Übersetzung von *Die Verdammten dieser Erde* erschien 1963 und wurde zum Bestseller. Schon bald bezeichnete der Black-Power-Aktivist Stokely

7 Mohammed Harbi, Nachwort zu Fanon, *Les Damnés de la terre* (2002).

Carmichael Fanon als seinen »Schutzheiligen«. Das Buch wurde als Bibel der Dekolonisation gepriesen, obwohl es die meisten tatsächlich existierenden Dekolonisationsmaßnahmen anprangerte. Es wurde als Handbuch für die Befreiung der Schwarzen gehandelt, obwohl es das bevorstehende Verschwinden der Schwarzen ankündigte. Die Leser nahmen sich heraus, was ihnen gerade gefiel, und ignorierten den Rest.

So wie es Fanon mit Algerien gemacht hatte. In gewisser Weise wusste er, wie dieser Film enden würde, denn er hatte ihn mitproduziert. Revolutionstheoretiker verwenden manchmal den Begriff »präfigurative Politik«, um warnend darauf hinzuweisen, dass Bewegungen sich in ihrem Wesen nicht ändern, wenn sie an die Macht gelangen: Vor Gruppen, die sich die partizipative Demokratie auf die Fahnen geschrieben haben und selbst streng autokratisch organisiert sind, sollte man sich hüten. FLN-Insider wussten, dass ihre Anführer zu Militarismus und Autoritarismus neigten, dass sie nicht davor zurückschreckten, Rivalen und Dissidenten aus dem Verkehr zu ziehen. Der von ihnen geschaffene Staat tat es ihnen gleich, als gelte es, die Mahnung des jungen Fanon wahrzumachen, dass »der Knecht immer seinem Herrn nacheifert«.

Im Jahr der Unabhängigkeit wurden Zehntausende von Harki abgeschlachtet – zum Großteil ungebildete Bauern, die für den französischen Staat gearbeitet hatten, zum Teil als Gehilfen der französischen Armee. Man kann nicht sagen, sie seien wahllos niedergemetzelt worden: Häufig wurden sie mit großer Sorgfalt getötet. Sie wurden beispielsweise gefesselt und hinter Lastwagen oder Pferden her geschleift, ihnen wurden Augen und Hoden entfernt, oder sie wurden in eine mit Benzin getränkte französische Fahne gewickelt und angezündet. *Wir rächen uns.* Es ist nicht klar, wessen Selbstachtung dadurch wiederhergestellt wurde.

Fanon, der viele Dinge nicht wahrhaben wollte, über die er sich durchaus im Klaren war, warb lange nach der Erklärung von Kairo noch für ein säkulares Land, in dem es jedem Einwohner freistehe, Bürger dieses Staates zu sein. Als die Unabhängigkeit erreicht war, erklärte Algerien prompt, niemand könne Staatsbürger sein, der nicht auch Muslim sei. Fanon hatte von »uns Algeriern« gesprochen, und genau diesen Gedanken verwarf die Revolution am Ende. In einer frühen Studie über Fanon stellte die Politikwissenschaftlerin Irene Gendzier fest, dass es 1954 etwa 150 000 Juden in Algerien gegeben hatte, von denen viele – so auch Alice Cherki – aus Familien stammten, die dort seit der Römerzeit ansässig waren; einige Jahre nach der Unabhängigkeit waren nur noch sehr wenige von ihnen übrig. Die Zersplitterung der FLN blieb natürlich bestehen. Ben Bella, der erste Präsident des unabhängigen Algerien, wurde 1965 von seinem Militärchef abgesetzt und ins Gefängnis gesteckt, er teilte dieses Schicksal mit Harbi und vielen anderen linksgerichteten FLN-Mitgliedern.

Und als es dann zu einem tatsächlichen Bauernaufstand kam, zwangsläufig einem islamistischen, löste er das aus, was ein Psychoanalytiker als Wiederholungszwang bezeichnen würde – die erneute Ausführung eines frühen Traumas. In dem »schmutzigen Krieg« Anfang der neunziger Jahre tötete das FLN-Regime bis zu 200 000 Algerier und folterte noch viele mehr. Zu den üblichen Methoden gehörten eine bestimmte Variante des Waterboarding, Verbrennungen mit dem Lötkolben, das Anbringen von Elektroden an empfindlichen Körperstellen und das Einführen von Gegenständen in diverse Körperöffnungen. Fanon, der über Gewalt als reinigende Kraft geschrieben hat, muss gewusst haben, dass diese Form der Reinigung einen Abraum an Gewalt hinterlässt.

Heute hat *Die Verdammten dieser Erde* den Status des allgegenwärtigen, stets bereits vorgekauten Textes inne, des »Campus-Klassikers«, der durch die darübergelegten Interpretationen fast unlesbar wird. In der HBO-Fernsehserie *The White Lotus* (2021) taucht das Buch bezeichnenderweise als Pool-Lektüre in einem Luxus-Resort auf. »Geblendete Alteritäten bringen sich gegenseitig um«, sagt eine Figur in Fanons Versdrama *Parallel Hands*. In ihm wetteifern der Dichter und der Propagandist, der Wahrsager und der Schwätzer. Es ist fast schmerzhaft, sich sein »letztes Gebet« ins Gedächtnis zu rufen, mit dem sein erstes Buch schloss: »Sorge dafür, daß ich immer ein Mensch bin, der fragt!« Was wäre, fragt man sich, wenn dieses Gebet erhört worden wäre?

Aus dem Englischen von Birthe Mühlhoff

Valentin Groebner

Angstlust

Eine Ansteckung aus der Vergangenheit

28. Dezember 2020, Zürich. Vor dem Supermarkt auf der Limmatbrücke steht ein dünner Mann mit Trainingshosen und weit aufgerissenen Augen und fängt plötzlich an zu schreien, auf Italienisch: »Vi sarete tutti morti«, immer wieder. Die Passanten weichen ihm höflich aus (er trägt keine Maske) und gehen weiter. Der schreiende Mann hat ja Recht, wir werden alle sterben. Aber weil das vermutlich nicht gleich jetzt geschieht, trotz der neuen ansteckenden Krankheit, bringen wir vorher noch unsere Nachweihnachtseinkäufe nach Hause. Was für eine Geschichte wollte er erzählen?

Große Rückblende: 1979 kam *Die Hamburger Krankheit* von Peter Fleischmann in die Kinos, ein vom ZDF mitproduzierter Doku-Thriller über eine geheimnisvolle tödliche Epidemie mit abgesperrten Städten, Quarantänen, Ausgangssperren (und illegalen Partys). Im selben Jahr stürmte *London Calling* die Hitparaden, in dem The Clash Endzeit und Kernschmelze als Lebensgefühl besangen. Am Ende der siebziger und am Beginn der achtziger Jahre waren viele davon überzeugt, dass die Menschheit direkt auf eine globale Katastrophe zusteuere: Atomkrieg, Nuklearunfall, ökologischer Kollaps, tödliche Seuche oder alles zusammen. Die Unterhaltungsindustrie mit Romanen, Filmen und Fernsehserien war nicht weniger von diesen Szenarien geprägt als der politische Alltag.[1]

Ich gehörte damals der militanten linken Subkultur in Westdeutschland an, und die unterhielt zu diesen Prophezeiungen ein ebenso intensives wie paradoxes Verhältnis. Erst einmal waren sie Bestätigung dafür, wie schlimm es um die Welt stand. Wer Angst hatte, hatte Recht. Alles hing zusammen. Hatten 1979 nicht der Störfall im amerikanischen AKW Harrisburg und der Hamburger Giftskandal auf dem Gelände der Firma Stoltzenberg gezeigt, wie eng verknüpft militärische Massenvernichtung und Umweltverschmutzung waren? Als 1982 auf einer Diskussionsveranstaltung über die

1 Susanne Schregel, *Konjunktur der Angst. »Politik der Subjektivität« und neue Friedensbewegung, 1979–1983*. In: Bernd Greiner u.a. (Hrsg.), *Angst im Kalten Krieg*. Hamburger Edition 2009. Instruktiv zu den Mechanismen des Genres: Mike Davis, *Ecology of Fear. Los Angeles and the Imagination of Disaster*. New York: Henry Holt & Company 1998; zu aktuellen Filmen zuletzt Elisabeth Bronfen, *Angesteckt! Zeitgemässes zu Pandemie und Kultur*. Zürich: Echtzeit 2021.

Nachrüstung in einer hessischen Kleinstadt ein Freund (damals zwanzig) aufstand und den Experten auf dem Podium zurief: »Wir haben einfach Schiss, vor den Raketen und der Umweltverschmutzung, versteht ihr das nicht?«, klatschte der ganze Saal begeistert Beifall.[2]

Angst als Auserwähltheit

Angst war unverzichtbar Anfang der Achtziger. Wir – auch das Wir war unverzichtbar – fühlten uns wirklich bedroht, dauernd und von sehr vielem. Emphatisch bekundete gemeinsame Angstgefühle, gegen die nur gemeinsames politisches Handeln helfe, solidarisch und gewaltfrei natürlich, standen vor vierzig Jahren im Zentrum von Kundgebungen, Menschenketten und politischen Selbstauskünften aller Art. Wer so auftrat, ob es nun um Atomkraft, amerikanische Mittelstreckenraketen, Flughafenausbau oder Umweltzerstörung ging, tat das in dem Bewusstsein, das unschuldige, aber wissende Opfer der zerstörerischen Politik anderer zu sein; großer, mächtiger und meist nur sehr allgemein adressierbarer Anderer, die als »die staatliche Politik«, »die Herrschenden« oder (eine ältere deutsche Politvokabel mit ambivalenter Geschichte) »das System« aufgerufen wurden.[3]

In meinem unmittelbaren Umkreis wurde nach 1983 über die großen Friedensdemonstrationen aber zunehmend abschätzig gesprochen. Wir wollten uns nicht nur fürchten, singen und vor Fernsehkameras Händchen halten, sondern »was dagegen machen« – mit der Betonung auf »machen«. Die allgemeine Angst vor dem unmittelbar bevorstehenden großen Wumms brachte interessante Gruppendynamiken in Gang, eine Art Um-die-Wette-Fühlen. Wer setzte die Einsicht in die katastrophale Aussicht unmittelbarer, konsequenter und radikaler um?

Angst taugt sehr gut zur Selbstermächtigung: Mit dem Beschwören der unmittelbar bevorstehenden und unaufhaltsamen Katastrophe ließ sich nicht nur die banale Alltagswelt ausblenden, man konnte zugleich fragile Empfindsamkeit demonstrieren (»Es wird ganz schlimm werden!«) und sich

2 Aufschlussreich als Zeitzeugnisse: Matthias Horx, *Es geht voran. Ein Ernstfall-Roman*. Berlin: Rotbuch 1982; Jörg Schröder / Uwe Nettelbeck, *Cosmic*. Berlin: März 1982. Vgl. auch die Materialsammlung »No Future/Apokalypsen« in Max Stadler u.a. (Hrsg.), *GegenWissen*. Zürich: Intercom 2020.

3 Susanne Schregel, *Der Atomkrieg vor der Wohnungstür. Eine Politikgeschichte der neuen Friedensbewegung in der Bundesrepublik, 1970–1985*. Frankfurt: Campus 2011; Sven Reichardt, *Authentizität und Gemeinschaft. Linksalternatives Leben in den siebziger und frühen achtziger Jahren*. Berlin: Suhrkamp 2014.

als Auserwählter fühlen (»Und nur wir schauen dem ins Auge.«). Zwischen Herbst 1984 und Sommer 1985 eröffneten sich neue, aufregende Perspektiven. Ich lernte, wie schnell ich mich aus einem schüchternen dünnen Studenten im vierten Semester in einen radikalen Kämpfer verwandeln konnte. Verwandlung durch Angstwut war gar nicht schwierig. Die richtige Musik hören, laut und düster. Die richtigen Klamotten anziehen – schwarz, am besten eine schwere alte Lederjacke. Maskiert auftreten war wichtig, am coolsten war eine schwarze Sturmhaube. Plus Helm, je nach Situation.

Die gemeinsamen Mutproben bauten in gewisser Weise aufeinander auf. Zuerst im militanten Teil der Demonstration mitmarschieren, dann Steine werfen, entweder in Schaufenster oder auf die Polizei, schließlich Autos querstellen, umkippen und anzünden. Dafür bekam man schulterklopfende Anerkennung von anderen, noch cooleren Jungs. Denn irgendwann waren es nur noch Jungs, oder fast.

Angstwut war Spektakel: Diese Aufführungen waren aufregend, furchteinflößend und teilweise auch wirklich riskant. Man konnte verprügelt und festgenommen werden und zu Geld- oder Haftstrafen verurteilt. In meinem Fall hätte das auch das Ende meines Aufenthalts und meines Studiums in der Bundesrepublik bedeutet, verhaftete Demonstranten mit ausländischem Pass wurden flott abgeschoben.

Die Lust an der Reinheit

Schuld an allen diesen Katastrophen war natürlich die korrupte westdeutsche Industriegesellschaft, nicht wir. Wir waren ja radikal dagegen und deswegen moralisch im Recht; schwarz gekleidet und verzweifelt, deswegen rein. Diese entschlossene Reinheit wollten wir auch vorzeigen. Angst als Attacke also: Deswegen waren wir gerne drastisch und fanden Pressefotografen und Fernsehkameras zwar grundsätzlich verachtenswert, weil sie für den Alltag und das System standen, andererseits aber höchst attraktiv, denn radikale Reinheit braucht schließlich ein Publikum. Nach den Demonstrationen saßen wir vor dem Fernseher und warteten gespannt, ob unsere Spektakel es in die Abendnachrichten geschafft hatten.

Die Gefühlspolitik der Angstwut als Angstlust war fest mit einer bestimmten Musikrichtung verbunden, nämlich krachendem Punk, britische, deutsche und amerikanische (und fast ausschließlich männliche) Untergrund-Bands. In ihren Stücken war von den nuklearen, ökologischen und epidemiologischen Desastern und ihren Folgen ausführlich die Rede: Das Wort »Lockdown« habe ich zum ersten Mal 1988 als Songtitel der amerikanischen Hardcore-Band Fugazi gehört.

Ich hörte zeitweise baskische Punkbands; man verstand zwar kein Wort, dafür waren die in puncto politische Glaubwürdigkeit unschlagbar. Mit solchen Soundtracks konnte man sich selbst außerdem imaginär vervielfachen. Dass die dünnen blassen Jungs von Fugazi *straight edge* waren, kein Alkohol und keine Drogen, machte sie noch anziehender. Sie praktizierten den Kampf für das einzig Richtige sozusagen für uns, während wir ihre Musik hörten und dazu Bier tranken.

Über all der aufregenden Action, den vielen politischen Terminen und ziemlich testosterongeladenen Verbrüderungen und Hackordnungskämpfen mit Gleichgesinnten rückte meine eigene Angst vor dem Weltuntergang tatsächlich in den Hintergrund. Zugehörigkeit zu einer Subkultur will ja erst einmal organisiert sein: Gruppensitzungen, Autonomenplenum, Vollversammlung, Vorbereitungstreffen. Auf Konsum und Alltag der anderen, gerne als »Fett-Normalos« bezeichnet, schauten wir herab, weil nur wir selbst das Richtige verkörperten. Auch dafür gab es einen beliebten Slogan: »Gefühl und Härte«.

Ehemalige WG-Mitbewohner sagten mit deutlicher Missbilligung, eigentlich hätten sie Angst vor uns, denen in Sturmhauben und schwarzen Klamotten, nicht nur vor der Polizei. Die *taz* vergab jeweils am Montag ironisch den »Sachschadenspokal« für die Demonstrationen des vergangenen Wochenendes – entweder in Zürich, Amsterdam oder Berlin, kaputte Schaufensterscheiben und Autos, eine halbe oder eine ganze Million Franken, Gulden, D-Mark. In der Szene wurde das, ebenso wie die besorgte Berichterstattung in den Mainstream-Medien, mit unverhohlenem Stolz quittiert, die entsprechenden Jahrgänge der einschlägigen Szenezeitschriften – am bekanntesten war *radikal* – aus den Achtzigern sind voll von entsprechenden Stellungnahmen: »Geile Action am Bauzaun«.

Nach ein paar Jahren ließ diese Lust bei mir allerdings deutlich nach. Im November 1987 erschoss ein militanter Frankfurter Startbahngegner zwei Polizisten – ich hatte ihn vom Sehen gekannt, die Szene war überschaubar –, und die internen Konflikte zwischen verschiedenen radikalen Fraktionen brachen heftig auf. An den Demonstrationen gegen die Wiedervereinigung im Oktober 1990 habe ich noch teilgenommen, aber da erschienen mir die Vermummungen, die schwarzen Outfits und die Musik schon wie sentimentales Politbrauchtum und als Reinszenierung der wilden echten Gefühle und Kostüme von früher.

Historische Wiedergänger

Viele der theatralischen Auftritte sehen im Nachhinein nach Zitaten aus, nach Posieren in einem selbstgemachten dystopischen Science-Fiction-Film. Die Autonomen hatten mit Pop als kulturellem Prinzip sehr viel mehr zu tun, als sie sich selbst eingestehen mochten. Pop ist Pop, weil er unkaputtbar ist; seine Elemente können endlos recycelt und neu adaptiert werden. Die dramatischen Gesten der radikalen Auserwähltheit und des theatralischen Widerstands jedenfalls, die ich von Demonstrationen gegen Atomkraftwerke, Flughafenausbau und die Räumung besetzter Häuser aus den Achtzigern kannte, standen auch 2020 und 2021 allen als Repertoire zur Verfügung, die ihr Nichteinverstandensein mit den Maßnahmen gegen die neue Krankheit zeigen wollten. Und ihre Angst. Weil sie Angst hatten, hatten sie Recht und traten als zu allem berechtigte bedrohte, aber moralisch überlegene Minderheit auf.

Die Presseberichte über die deutschen und österreichischen Demonstrationen gegen Masken- und Zertifikatspflicht hatte ich nur am Rande verfolgt. Als ich aber im September 2021 in Winterthur zufällig in eine Kundgebung gegen die schweizerischen Corona-Maßnahmen geriet, kam ich aus dem Staunen nicht heraus. Jungs in schwarzen Lederjacken gab es, aber in meinem Alter, also um die sechzig. Sie standen eher auf Heavy Metal, ihren Accessoires nach zu schließen, einträchtig neben blumengeschmückten Öko-Bewegten in bunten Latzhosen und Konservativen in Tracht, die sich und ihre Kinder mit Armbrüsten ausgerüstet hatten, um sich gegen fremde Vögte zu wehren. Von tragbaren Lautsprechern lief Bob Marley: *Get Up, Stand Up*. Ein paar Schritte weiter junge Männer mit weißen T-Shirts, Schnürstiefeln und kahlrasierten Köpfen. Ein Transparent: »Unser Blut ist rein«. Daneben wurde getrommelt, und ein älteres Ehepaar hielt ein anderes Transparent hoch: »Wo Recht zum Unrecht wird, wird Widerstand zur Pflicht.« Sie sahen aus, als seien sie in den Achtzigern auch schon dabeigewesen.

In den Wochen danach hatten vermummte Demonstranten gegen die Corona-Politik der Schweiz an den Absperrungen vor dem Berner Bundeshaus Szenen aufgeführt, deren Fotos und Videos mir sehr bekannt vorkamen: steinewerfende Einzelkämpfer vor dem Zaun gegen Wasserwerfer und Tränengas der Bereitschaftspolizei. Aufgenommen war das aus leichter Untersicht, so erschienen Mann, Zaun und Wasserwerfer monumentaler, vor dramatischen Rauch- oder Tränengaswolken. Es sah aus wie die Aufnahmen von Demonstrationen aus den 1980ern. Vielleicht ist das aber auch einfach die marktgängigste Bildformel für gewalttätigen Protest, so vertraut, dass sie automatisch die meiste Aufmerksamkeit und maximal viele Klicks erzeugt.

Invasionserzählungen

Noch eine große Rückblende: In den beiden letzten Jahrzehnten des 19. Jahrhunderts lebten in London mehr als 5000 Italiener und etwa 26000 Deutsche. Sehr viele von ihnen arbeiteten in Restaurants und Hotels, zusammen mit Franzosen, Russen, Tschechen und Polen. 1883 erschien C. Forths Science-Fiction- und Spionage-Roman *The Surprise of the Channel Tunnel*, in dem Zehntausende französische Pastetenbäcker, Kellner und Köche die Metropole lahmlegen, während gleichzeitig ein Einmarsch durch den Kanaltunnel erfolgt. 1906 publizierte William Le Queux *The Invasion of 1910*. Bei ihm sind es deutsche Bäcker, Kellner und Angestellte, die nach einem Putsch die Macht in England übernehmen.[4]

Beide Bücher verkauften sich blendend. Die Tatsache, dass das britische Empire zum Zeitpunkt ihres Erscheinens die mächtigste Militärmacht des Planeten war und selbst erfolgreich eine Reihe gewalttätiger Invasionen in Afrika und Asien durchführte, hat ihren Erfolg offensichtlich noch verstärkt. Das Imperium fürchtet sich am liebstem vor seinem eigenen Spiegelbild. Die Angst vor dem Desaster, die Angst vor dem unsichtbaren Feind, die Angst vor dem Eindringen eines unheimlich vertrauten Unbekannten erzeugt Wir-Gefühle; ihre Variationen sind uns aus den letzten zwei Jahren gut bekannt.

Diese Invasionsszenarien lassen sich auch problemlos als Vorläufer eines weiteren, sehr viel bekannteren Science-Fiction-Romans lesen, H. G. Wells' *War of the Worlds* von 1898. Hier wird England nicht von Köchen und Bäckern attackiert, sondern von den Bewohnern des Planeten Mars. Sie schlagen die britische Armee vernichtend, bis sie selbst dann ganz anderen irdischen Widersachern unterliegen – den allerkleinsten, mit bloßem Auge unsichtbaren Mikroben. »Mit Millionen von Toten«, lässt H. G. Wells seinen Erzähler am Ende pathetisch erklären, »hat der Mensch sich das Erstgeburtsrecht auf der Erde erkauft.« Dass nur sechs Jahre zuvor, 1892, binnen weniger Wochen fast 9000 Menschen in Hamburg an der Cholera gestorben waren (zeitgenössische Schätzungen nannten weit höhere Zahlen), wird den Schluss des Zukunftsromans für zeitgenössische Leser noch ein bisschen plausibler gemacht haben. Auch eine Hamburger Krankheit, nur diesmal in echt.

Der anscheinend Verrückte, der als einziger vom Ausmaß des zukünftigen Desasters weiß, kommt also im ganz wörtlichen Sinn aus der Vergangenheit, nämlich der Geschichte der Unterhaltungsindustrie. 1895 hatte H. G. Wells seinen berühmten Science-Fiction-Roman *Die Zeitmaschine*

4 Brenda Assael, *The London Restaurant 1840–1914*. Oxford University Press 2018.

herausgebracht. Im selben Jahr fanden in Berlin und Paris die ersten kommerziellen Vorführungen einer Technik statt, mit der man in die Vergangenheit und in die Zukunft gleichzeitig reisen konnte – der Film. Solche imaginären Zeitreisen unterhalten zu Katastrophen ohnehin ein inniges Verhältnis, als Planspiele.

Experten aus Medizin und Politik hatten seit Mitte der 1970er Jahre begonnen, sich auf Virusinfektionen mit unabsehbaren Folgen vorzubereiten – *Warten auf die Pandemie* hat der Wissenschaftshistoriker Carlo Caduff das genannt.[5] Ihre Kollegen aus der Unterhaltungsbranche waren um einiges ungeduldiger. Die plötzliche Auslöschung der uns vertrauten Zivilisation durch eine tödliche Krankheit wurde im letzten Viertel des 20. Jahrhunderts in einer Fülle von Erzählungen immer wieder neu variiert, von *Der Untergang der Stadt Passau* von Carl Amery 1975 bis zu Terry Gilliams Film *12 Monkeys* zwanzig Jahre später. Aus diesem Film stammt übrigens auch der verzweifelt herumschreiende Obdachlose, der mir im Dezember 2020 so eigenartig bekannt vorkam. Inmitten all der Nichtsahnenden weiß Bruce Willis als Einziger genau, was eigentlich los ist, weil er aus der Zukunft kommt. Aber keiner hört ihm zu.

Moralische Aufforderungen

27. April 2020: Die Einreisekontrolle von der Schweiz nach Deutschland war im Durchgang unter den Bahnsteigen im Basler Badischen Bahnhof aufgebaut, genau dort, wo sie von 1933 bis 1945 auch war, eine Schleuse zwischen mobilen Absperrgittern. Davor freundliche, aber resolute Bundesgrenzschutzbeamte in Schwarz, einer mit kugelsicherer Weste. »Wozu reisen Sie denn nach Deutschland?« Für die Recherche in einem privaten Nachlass, sagte ich, ich sei Historiker. Ich zeigte mein Einladungsschreiben. Er las es. »Tut mir leid«, sagte er dann. »Ist nicht möglich. Geschichte ist kein systemrelevanter Bereich.«

Sicher? Staaten haben sich jahrhundertelang als bürokratisch verwaltete Über-Ich-Instanzen von Pflichten beschrieben, die sie dem einzelnen Bürger als Gegenleistung für Schutz auferlegen müssten. Seit Beginn des 20. Jahrhunderts wurde dieses Modell aber zuerst diskret, dann immer offener durch ein zweites ergänzt: Der Staat definierte sich zwar weiterhin als ein Apparat

5 Carlo Caduff, *Warten auf die Pandemie. Ethnographie einer Katastrophe, die nie stattfand*. Aus dem Amerikanischen von Marc Dosch. Konstanz University Press 2017 (*The Pandemic Perhaps. Dramatic Events in a Public Culture of Danger*. Oakland: University of California Press 2015).

von Pflichten, funktionierte aber in der Praxis zunehmend als Agentur für Lust, für kollektives Vergnügen. Zuerst Mussolini, dann die Nationalsozialisten und die französische Volksfront-Regierung boten kooperierenden Staatsbürgern billige Ferien und bezahlbare Unterhaltungsmöglichkeiten.[6]

Die Wohlstandsdemokratien nach dem Zweiten Weltkrieg haben diese Angebote schrittweise erweitert und verbreitert; es war der Staat, der lustige Fernsehunterhaltung, aber auch Theater, Opern- und Konzerthäuser und Museen bereitstellte. Auch die anschwellende Klage über die Entfremdung durch die Konsumgesellschaft war seit den sechziger und erst recht seit den siebziger Jahren mit dem Versprechen auf eigenen (besseren) Konsum untrennbar verbunden. Reisen – freiwilliges und unfreiwilliges, Ferien und Pendeln – wurde unter dem Stichwort »Mobilität« zum Wert an sich. Eigentlich wurde man fortwährend aufgefordert, unablässig unterwegs zu sein, Aktivität und Mobilität waren offizielle Bürgertugenden, vom Joggen bis zum Wochenendtrip und zum Urlaub in Übersee.

Dieser Vertrag wurde im Frühjahr 2020 aufgekündigt. Jetzt bedeutete genau dasselbe Verhalten eine leichtfertige Gefährdung des Gemeinwohls. Wie im letzten Jahrhundert, nämlich bei Ausbruch des Ersten Weltkriegs, wurde vergnügungsorientierter Konsum als unverantwortlich dargestellt. Restaurants, Clubs, Kinos, Theater wurden geschlossen. Ausgangssperren, Einreisebeschränkungen, Beherbergungsverbote im Namen der Volksgesundheit: Wenn man Regeln dramatisch umkehren muss, braucht man die Kombination von allgemeiner – tödlicher – Bedrohung mit unscharfer moralischer Sprache. »Für alle.« »So schützen wir uns.«

Angsthaben war ab sofort Pflicht. Wie war das noch mit der freiheitlichen westlichen Selbstbestimmung als Grundlage unserer Wertordnung? Der frühere Alltag in den Ostblockstaaten, hat die slowenische Philosophin Renata Salecl geschrieben, war gleichzeitig unveränderliche Routine und unübersehbarer Stillstand gewesen; anstrengend, aber fragil; düster, aber voller Versprechungen. Obwohl diese Charakteristika im Nachhinein wie Gegensätze erscheinen, verstärkten und bestätigten sie sich gegenseitig. Den Zusammenbruch der jahrzehntelang verkündeten Sicherheiten im Osten hat Alexei Yurchak prägnant auf den Punkt gebracht: »Everything was forever, until it was no more.«[7] Könnte es sein, dass der uns so liebgewordene Lust-

6 Julia Timpe, *Nazi-Organized Recreation and Entertainment in the Third Reich*. London: Palgrave Macmillan 2017.

7 Renata Salecl, *A Passion for Ignorance. What We Choose Not to Know and Why*. (2020); Alexei Yurchak, *Everything Was Forever, Until It Was No More: The Last Soviet Generation*. (2005). Beide bei Princeton University Press.

staat der endlos verlängerten siebziger Jahre mit der Ankunft des neuen Virus in Europa im Februar 2020 sein 1989 erlebt hat?

Angstbelohnungen

Ein Freund hat mir die Geschichte seines Großvaters erzählt, der als Mitglied der griechischen KP nach dem Bürgerkrieg 1946/48 zuerst ins Gefängnis und dann auf die schwarzen Listen kam; seine Kinder durften nie studieren. Er bekam in den 1980ern eine Augenkrankheit, weigerte sich aber, sich operieren zu lassen. Er hatte Angst vor den griechischen Krankenhäusern und glaubte nur seinem Arzt in Moskau, den er regelmäßig per Telefon konsultierte und der ihm Tropfen schickte. Alle anderen Behandlungen lehnte er ab. Je mehr sich seine Sehkraft verschlechterte, desto eigensinniger beharrte der unbeugsame Patriarch auf diesen Tropfen als seiner einzigen Rettung. Am Ende war er blind, die Tropfen längst aufgebraucht, der Moskauer Arzt ging nicht mehr ans Telefon, und seine verzweifelten Kinder, längst selbst Eltern, füllten sie heimlich mit Wasser nach; denn der starrsinnige blinde Mann beharrte darauf, mehrfach täglich zu fixen Uhrzeiten seine Tropfen zu nehmen. Weil er seine Uhr nicht mehr sehen konnte, fragte er ständig in großer Angst, wie spät es denn sei, damit er sie rechtzeitig nehmen könne, die Tropfen.

Angst bestätigt sich selbst. Deshalb bin ich auch ein bisschen dieser griechische Großvater. Die Kognitionsforschung hat den *confirmation bias*, den Bestätigungsfehler, sehr ausführlich beschrieben, als höchst robustes Phänomen: Ich nehme das verstärkt wahr, was meine schon bestehenden Auffassungen bekräftigt. Und den Angstwunsch kenne ich von mir selber auch: Mit der eigenen verbissenen Verteidigung genau die Situation zu erzeugen, deren Eintreten ich vorher die ganze Zeit schon insgeheim befürchtet hatte. Das Desaster ist dann gleichzeitig Triumph und heimliches Rechtbehalten: »Ich hatte es geahnt.«

Angst ist die unlösbare Aufgabe, in der ich mich bequem einrichten kann. Wer Angst hat, kann sich nicht mehr irren, wie der Depressive, der so lange im Bett liegen bleibt, bis seine düsteren Voraussagen in Erfüllung gehen. Gleichzeitig ist Angst mit einer Reihe von Erlaubnissen verbunden. Ich habe mehr Angst als du – deswegen habe ich Recht.

Angst ist ein Alleskönner: Sie lässt den von ihr Befallenen die erstaunlichsten Verhaltensweisen plausibel erscheinen. Zehntausende selbsterklärte Verteidiger konservativer Werte schluckten im Jahr 2021 wochenlang freiwillig Pferde-Entwurmungsmittel als Schutz gegen das Virus, anstatt sich impfen zu lassen – es klingt, als hätte sich Dietmar Dath das ausgedacht. So absurd die militanten Demonstrationen der 1980er Jahre heute wirken, sie zeigen wie jene der Impfgegner und Verschwörungstheoretiker der Covid-Jahre, zu welch großen Anstrengungen Einzelpersonen wie Kollektive fähig sind, um ihre jeweils schlimmsten Befürchtungen selbst Wirklichkeit werden zu lassen.

Auf dem Karussell

Am 12. April 2020, der Schweizer Bundesrat hatte bereits den Ausnahmezustand und drastische Einschränkungen des öffentlichen Lebens verfügt, kam ich beim Spazierengehen an einem Karussell vorbei. Darauf saßen zwei Kinder, daneben stand ihr Großvater. Er drehte das Karussell und schnitt immer, wenn seine Enkelin an ihm vorbeikam, knurrend eine Grimasse, griff nach ihr und versuchte sie zu fangen, aber jedes Mal entkam sie ihm. Der kleine Bruder auf dem anderen Karussellsitz sah stumm zu, wie seine Schwester bei der Annäherung an das Großvater-Ungeheuer gespielte Schreckensschreie ausstieß und nachher triumphierende Juchzer: Sie konnte gar nicht genug von dem Spiel bekommen, und die Angst- und die Triumphschreie verschmolzen ununterscheidbar miteinander.

Angst, Lust und Wiederholung: Auf diesem Karussell saß nun ich, gemeinsam mit anderen Medienkonsumenten. Medien liefern mir das, wovor ich mich am liebsten fürchte. Deswegen all die Superschurken, Serienkiller und bedrohlichen Zukunftsvorhersagen, mit denen der jeweilige Nachrichtenkanal seine eigene Wichtigkeit bestätigt. Das funktioniert nur, wenn ich all die früheren eindringlichen Szenarien – Aids, Killerbienen, alte Neonazis, Vogelgrippe, Waldsterben – vergesse, um mich ausreichend auf neue Bedrohungen – der *superbug*, Zika- und Dengue-Fieber, neue Neonazis und der Klimawandel – zu konzentrieren. Diese Erlaubnis zum Vergessen scheint Teil der Anziehungskraft von extremen Angstzuständen zu sein.

Angst funktioniert am besten als Wiederholung des unheimlich Vertrauten, als Kreisen in einer stationären Umlaufbahn: Meine Angst möchte sich am liebsten mit sich selbst beschäftigen. Die Welt wird angenehm übersichtlich, wenn man sehr viel Angst hat. Zu haben ist die Entlastung aber nur unter einer Bedingung: dass man jede Form von Lust am Angsthaben kategorisch bestreitet.

osteuropa
Russlands Krieg gegen die Ukraine
Propaganda, Verbrechen, Widerstand
Das neue Heft!

Ästhetikkolumne

Als Calder peinlich war

Von Jan von Brevern

Wer im grauen Berliner Winter 2021/2022 die Neue Nationalgalerie betrat – diese lichte, von Ludwig Mies van der Rohe entworfene und 1968 fertiggestellte Halle –, fand sich inmitten einer Ansammlung bunter Stahlskulpturen wieder. Nach jahrelanger Renovierung feierte das Museum seine Wiedereröffnung mit einer Ausstellung des amerikanischen Bildhauers Alexander Calder. Calder, ein Heros der künstlerischen, und Mies van der Rohe, ein Heros der architektonischen Nachkriegsmoderne, das passte wohl einfach zu gut zusammen. (Zwar war Mies auch ein politischer Opportunist, der sich vor dem Krieg bei den Nationalsozialisten anbiederte, aber egal.) Beide vertraten in ihrem Feld eine Art formalen Minimalismus, und wenn Mies den International Style wie kein anderer Architekt prägte, dann könnte man Calders Skulpturen wohl ebenfalls mit diesem Begriff belegen: Ihre Formensprache ist unverbindlich und leicht wiedererkennbar, sie stören nicht groß, passen überall hin und stehen tatsächlich auch überall in der Welt herum. Schon im Eröffnungsjahr wurde eine große schwarze Stahlskulptur von Calder per Kran auf der Außenterrasse der Neuen Nationalgalerie abgestellt. Sie steht dort bis heute.

Berühmt geworden ist Calder seit den 1930er Jahren allerdings nicht für solche »Stabiles« genannten ruhenden Skulpturen, sondern für seine Mobiles, als deren Erfinder er gilt. Der Legende zufolge war es Marcel Duchamp, der Calder den Begriff »Mobile« vorschlug. Es sind – trotz ihrer teils enormen Größe – leicht und fragil wirkende, schwebende Konstruktionen aus Draht und bunten Metallelementen, die sich im leisesten Luftzug bewegen. Eine ganze Armada solcher Stabiles und Mobiles hatte sich nun in der verglasten Halle der Neuen Nationalgalerie zusammengefunden. Die Idee der Ausstellung mit dem Titel *Minimal/Maximal* ist schnell erzählt: Calder hat sehr große und sehr kleine Objekte produziert. Manche sind acht Meter hoch und zig Tonnen schwer, andere messen nur wenige Zentimeter und wiegen wenige Gramm. Was passiert, wenn man diese Objekte in einem Raum zusammenbringt?

Vor Ort konnte man feststellen: nicht viel. Calders Kunst mag von »spektakulären Wechseln der Maßstäbe geprägt« sein, wie es im Katalog heißt, aber was heißt das schon? Die ganze Welt ist ja vom Nebeneinander von sehr kleinen und sehr großen Dingen geprägt; ständig laufen Ameisen über die Decks von Öltankern. Die einfache Tatsache jedenfalls, dass jemand große und kleine Kunstwerke gemacht hat, trägt als Ausstellungsidee nicht sehr weit. Solche Einfallslosigkeit der Kuratoren lässt für das gerade im Bau befindliche Museum der Gegenwart direkt nebenan nichts Gutes erwarten. Man darf wohl gespannt sein auf zukünftige Ausstellungen mit Werken aus

verschiedenen Materialien (spektakuläres Nebeneinander unterschiedlichster Materialien), verschiedenen Farben (sensationeller Kontrast verschiedenster Farben) oder Gemälden, in denen runde und eckige Formen rücksichtslos aufeinanderprallen.

Da hilft es auch kaum, dass in den spärlichen Wandtexten und im Katalog mantrahaft die Floskel von der »Aktivierung im Raum« wiederholt wird, die die Betrachterinnen durch Calders Skulpturen angeblich erfahren. Diese »Aktivierung« nämlich ist in der gängigen Lesart von der Bewegung der Mobiles abhängig – was offenbar dem Kurzschluss verpflichtet ist, dass sich bewegende Skulpturen auch deren Betrachter auf irgendeine Art »bewegen«. In der Neuen Nationalgalerie aber bewegte sich gar nichts. Die von den umhergehenden Besuchern und der Klimatisierung verursachten Luftströme in der großen Halle waren nicht stark genug. Die Mobiles standen still.

Routinierte Ödnis

Alexander Calder böte an sich viel Stoff für spannende Ausstellungen. Wenige Künstler waren im 20. Jahrhundert stärker von den Geschmackswechseln der Kunstwelt betroffen. Er wurde tief verehrt, dann verachtet. Der Abstieg fing schon in den fünfziger Jahren an, als er von der New Yorker Kunstszene zunehmend ignoriert oder belächelt wurde, weil er zu populär geworden war, ein Künstler für die Mittelklasse. In den fortschrittlichsten Kreisen der Stadt galt er nun als jemand, der zur Geschichte der Kunst nichts beigetragen hatte.[1] Die Museen brauchten wie immer

1 Peter Schjeldahl, *Modernism for All*. In: *The New Yorker* vom 11. März 2019.

etwas länger, um das mitzubekommen, aber schließlich wurden auch die Ausstellungen in großen Häusern immer seltener. Calder war peinlich geworden.

Erst in jüngster Zeit wird ein erneuter Wandel in der Calder-Rezeption deutlich. Die peinliche Phase gerät langsam in Vergessenheit, und damit wird die Kanonisierung des Künstlers möglich. Im letzten Jahr hat das Museum of Modern Art in New York, eine der frühen Calder-Hochburgen, seine erste große Einzelausstellung des Künstlers seit den 1960er Jahren gezeigt. Und auch die Berliner Ausstellung ist ein Symptom dieser neuen Phase: Calder erscheint jetzt auf einmal als modernistischer Musterknabe, der immer alles richtig gemacht hat. Er ließ sich von Mondrian inspirieren, von Duchamp umwerben, von Sartre besingen. Er war immer ganz vorne mit dabei, ein Geniestreich folgte auf den nächsten. Das ganze »Skulpturverständnis« des 20. Jahrhunderts sei durch Calders Mobiles und Stabiles »neu definiert« worden.[2] Eine der »produktivsten und innovativsten Künstlerlaufbahnen des 20. Jahrhunderts«, jubelt der Katalog.

Der Preis für solche standardisierten Kunstakklamationen ist hoch. Ganz offensichtlich soll hier jeder Zweifel an der künstlerischen Integrität des Bildhauers pauschal abgewiesen werden. Dafür wird die Geschichte glattgebügelt, übrig bleibt eine sterile Erfolgsstory. Dabei gibt es doch kaum etwas Aufschlussreicheres als solche heftigen Ausschläge auf der Beliebtheitsskala, wie Calder sie erfuhr. Unter welchen Bedingungen war er einst der radikalen Avantgarde zugeschlagen worden? Was genau führte zu seiner Abwertung? Wer entscheidet eigentlich, welche Formen des Zuspruchs von welchen Publika einem Künstler gestattet sind und welche ihm schaden? Und wer ist heute an der Wiederaufwertung interessiert?

Ganz offensichtlich übertrug sich die Ödnis, die von der routinierten Vermeidung dieser Fragen ausgeht, auch auf die Betrachterinnen der Ausstellung. Unbeeindruckt liefen sie zwischen den entkontextualisierten Skulpturen umher, zückten ab und zu ihr Smartphone, um ein Foto zu machen oder vielleicht auch, um sich interessanteren Dingen im Internet zuzuwenden. Tatsächlich vermitteln die Kunstwerke selbst heute kaum noch etwas von ihrer Brisanz – weder ihr gefeierter Pionierstatus bis in die fünfziger Jahre noch ihr »Abstieg« in die Populärkultur erschließt sich allein durch Betrachtung. Dazu bedürfte es eines klugen kuratorischen Konzepts, das die Untiefen moderner Künstlerexistenzen sichtbar machte.

Dass sich Künstlerinnen und Künstler auf dem schmalen Grat zwischen Autonomie-Ideal und Markt bewegen, mit verschiedensten Ansprüchen konfrontiert sind, ihren Erfolg sorgsam dosieren müssen und dafür ausgefeilte Strategien entwickeln, ist ja kein großes Geheimnis, bleibt aber in jedem Einzelfall spannend. Ausstellungen, die das auf anspruchsvolle Weise aufarbeiten, sind durchaus möglich – das haben im letzten Jahr einige Museen gezeigt. Man denke an die Rembrandt-Ausstellung im Frankfurter Städel, die den Maler als Unternehmer und geschickten Marketing-Strategen präsen-

2 Beryl Gilothwest, *Calders Kathedralen*. In: Staatliche Museen zu Berlin (Hrsg.), *Alexander Calder: Minimal / Maximal*. München: Prestel 2021.

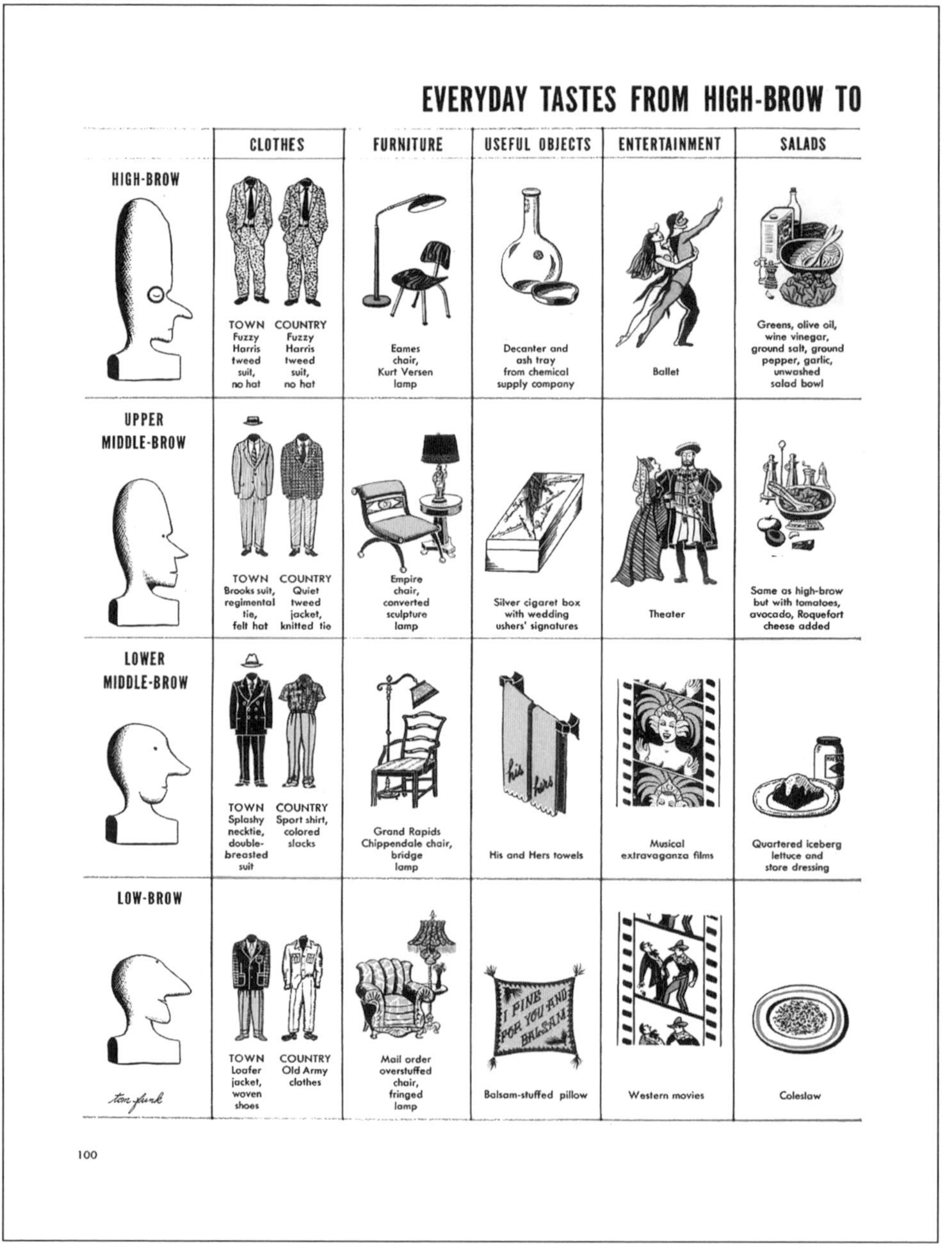

EVERYDAY TASTES FROM HIGH-BROW TO

	CLOTHES	FURNITURE	USEFUL OBJECTS	ENTERTAINMENT	SALADS
HIGH-BROW	TOWN Fuzzy Harris tweed suit, no hat / COUNTRY Fuzzy Harris tweed suit, no hat	Eames chair, Kurt Versen lamp	Decanter and ash tray from chemical supply company	Ballet	Greens, olive oil, wine vinegar, ground salt, ground pepper, garlic, unwashed salad bowl
UPPER MIDDLE-BROW	TOWN Brooks suit, regimental tie, felt hat / COUNTRY Quiet tweed jacket, knitted tie	Empire chair, converted sculpture lamp	Silver cigaret box with wedding ushers' signatures	Theater	Same as high-brow but with tomatoes, avocado, Roquefort cheese added
LOWER MIDDLE-BROW	TOWN Splashy necktie, double-breasted suit / COUNTRY Sport shirt, colored slacks	Grand Rapids Chippendale chair, bridge lamp	His and Hers towels	Musical extravaganza films	Quartered iceberg lettuce and store dressing
LOW-BROW	TOWN Loafer jacket, woven shoes / COUNTRY Old Army clothes	Mail order overstuffed chair, fringed lamp	Balsam-stuffed pillow	Western movies	Coleslaw

100

Life vom 11. April 1949

LOW-BROW ARE CLASSIFIED ON CHART

DRINKS	READING	SCULPTURE	RECORDS	GAMES	CAUSES
A glass of "adequate little" red wine	"Little magazines," criticism of criticism, avant garde literature	Calder	Bach and before, Ives and after	Go	Art
A very dry Martini with lemon peel	Solid nonfiction, the better novels, quality magazines	Maillol	Symphonies, concertos, operas	The Game	Planned parenthood
Bourbon and ginger ale	Book club selections, mass circulation magazines	Front yard sculpture	Light opera, popular favorites	Bridge	P. T. A.
Beer	Pulps, comic books	Parlor sculpture	Jukebox	Craps	The Lodge

CONTINUED ON NEXT PAGE 101

tierte. Oder an die wunderbare Ausstellung *Der geteilte Picasso* im Museum Ludwig in Köln, in der die unterschiedliche Rezeption und Vereinnahmung des Künstlers in der Bundesrepublik und der DDR scharfsinnig analysiert wurde. In beiden Fällen wurde dadurch übrigens weder das Ansehen der Künstler noch das ihrer Werke gemindert – eher gewannen sie an Tiefe. Calder hingegen wurde in Berlin zum Abziehbildchen des »innovativen« Künstlers verflacht. War es den Ausstellungsmachern so peinlich, dass Calder mal peinlich war?

Modernismus für Jedermann

Im Jahr 1949 war Calders Position in der kulturellen Hierarchie der Kunst noch eindeutig: nämlich ganz oben. Eine Tabelle in *Life*, die – leicht ironisch und sehr anschaulich – die Geschmacksabstufungen der amerikanischen Öffentlichkeit sortierte, macht das deutlich.[3] Calders Skulpturen erscheinen hier gleich zweimal als Attribute der *Highbrows*: ein Stabile in der Kategorie »Sculpture«, ein Mobile unter »Causes«, was vielleicht mit »Lebensinhalte« oder »zentrale Anliegen« übersetzt werden könnte.

Tatsächlich war Calder aus dem Leben der kulturellen Eliten um 1950 nicht wegzudenken. Seine Skulpturen waren allgegenwärtig. Nicht nur im Museum – schon 1939 hatte das Museum of Modern Art ein großes Mobile, *Lobster Trap and Fish Tail*, für sein Treppenhaus in Auftrag gegeben, wo es seitdem prominent hängt. Auch Firmenfoyers, öffentliche Plätze, Flughäfen, Hotels, Kaufhäuser und die Wohnzimmer der Oberschicht mit Avantgarde-Aspirationen waren mit Calder-Skulpturen möbliert. Als Peggy Guggenheim Ende der 1940er Jahre den Palazzo Venier dei Leoni in Venedig erwarb, stattete sie ihn gleich mit mehreren Calder-Mobiles aus. 1952 gewann der Künstler den Großen Preis für Skulptur auf der Biennale von Venedig. Auch auf den ersten Documentas in Kassel war er vertreten. Was Calder geleistet hatte, fasste ein Artikel in der *New York Times* 1964 so zusammen: »He put sculpture into motion.«[4]

Dass das als epochale Leistung betrachtet wurde, ist nur im Kontext einer Zeit zu verstehen, in der *Bewegung* als zentrale gesellschaftliche Herausforderung verstanden wurde. Alles schien in Bewegung zu geraten, alles darauf ausgerichtet, technische Lösungen für reibungslose Bewegungsabläufe zu ersinnen. Highways, Flughäfen, Güterlogistik, Raketen – Mitte des 20. Jahrhunderts wurde ein ständig komplexer werdendes Management für die explodierenden Personen- und Warenströme erforderlich. Für manche Zeitgenossen hatte Calder lange vor der Kinetic Art mit seinen Mobiles eine abstrakte Form für die ineinandergreifenden, schwer berechenbaren Dynamiken der Moderne gefunden. So konnten sie zur Signatur einer Epoche werden. Stephan Waetzold, der damalige Generaldirektor der Staatlichen Museen zu Berlin, feierte

3 Die *Life*-Redakteure orientierten sich dabei an dem Artikel *Highbrow, Lowbrow, Middlebrow*, den Russell Lynes, Herausgeber der Kulturzeitschrift *Harper's Magazine*, im Februar 1949 dort veröffentlich hatte.

4 John Canaday, *The Alexander Calder Problem*. In: *New York Times* vom 8. November 1964.

Calders Kunstwerke noch 1966 als überzeugendste »künstlerische Interpretation des technisch bestimmten Lebensgefühls unserer Zeit«.[5]

Waetzold hatte allerdings nicht mitbekommen, dass sich die Stimmung da längst gedreht hatte. Peter Schjedahl, später Kunstkritiker des *New Yorker*, berichtet, wie er 1965 aus Minnesota nach New York kam und zunächst lernen musste, dass man Calder auf keinen Fall ernst zu nehmen hatte. Wie später auch Miró (der zu diesem Zeitpunkt allerdings noch in höchstem Ansehen stand) verkörperte Calder einen unverbindlichen, harmlosen Modernismus für Jedermann. »Dass er durch und durch vergnüglich war – und, damals noch schlimmer, höchst populär bei einem *Middlebrow*-Publikum – galt eher als Soll denn als Haben.«

Der Abstieg in der kulturellen Hierarchie ist bemerkenswert: Innerhalb weniger Jahre war Calder von der elitären *Highbrow*-Ikone in *Life* zum prototypischen Künstler des bürgerlichen Durchschnittsgeschmacks geworden. Was war passiert? Eine interessante Antwort hat Alex J. Taylor, Kunsthistoriker in Pittsburgh, vorgeschlagen. Sein Aufsatz *The Calder Problem* ragt aus der ansonsten weitgehend hagiografisch angelegten Standardforschung zu Calder weit heraus.[6] Taylor berichtet, wie Calder zum Opfer seines eigenen Erfolgs wurde. Anfang der 1950er Jahre erschienen die ersten Sachbücher,

5 Zit. n. Maike Steinkamp, *Têtes et Queue*. In: *Alexander Calder: Minimal / Maximal*.

6 Alex J. Taylor, *The Calder Problem: Mobiles, Modern Taste, and Mass Culture*. In: *Oxford Art Journal*, Nr. 37/1, März 2014.

die den Bau von Mobiles einem breiten Publikum nahebrachten.[7]

Eine gewaltige Mobile-Welle wurde losgetreten, unterstützt von der gerade entstehenden Hobby-Industrie. Jedermann bastelte Mobiles; Bausätze aus Pappe oder Metall wurden angeboten; in Schaufenstern warben Mobiles für Waren, und Mobile-Ohrringe waren der neueste Schrei. Man sprach von einem regelrechten »mobile craze«. Rasch eroberten sie nicht nur die Hobbykeller, sondern auch die Kinderzimmer. Der *Economist* wunderte sich 1955 darüber, wie rasch die hehren Kunstwerke zu »commercial propositions« geworden waren: Der Weg des Mobiles vom Museum of Modern Art in jedes gutausgestattete Kinderzimmer und in jedes Drogerieschaufenster war überraschend kurz gewesen.[8] Die Mobile-Mode schien das perfekte Beispiel dafür zu sein, wie hemmungslos zeitgenössische Kunst kommerzialisiert werden konnte.

Calder blieb dabei immer der prominente Bezugspunkt und verlieh all diesen Aktivitäten und Produkten ein künstlerisches Flair. Aber für Calder waren die ubiquitären Imitationen ein zweischneidiges Schwert, wie Taylor schreibt: »Sie stärkten seinen Ruf als Erfinder einer eigenen Kunstform, aber gleichzeitig untergruben sie fundamental seinen Anspruch auf Avantgarde-Originalität.« Die Originale des Meisters ähnelten auf einmal verdächtig den Basteleien der Amateure.

Eine radikale Einsicht in Walter Benjamins *Kunstwerk*-Aufsatz lautet, dass Reproduktionen auch die Originale verändern. Die Reproduktion ist keine unschuldige Wiederholung, vielmehr verändert sie grundlegend, wie Kunst wahrgenommen wird – und damit, was sie ist. Entgegen Benjamins Vermutung, dass mit der massenhaften (technischen) Reproduzierbarkeit des Kunstwerks zwangsläufig die Zerstörung seiner »Aura« einhergehe, kann die Veränderung aber sowohl zu Auf- als auch zu Entwertungen der Originale führen. In den meisten Fällen, so haben Kunsthistoriker überzeugend argumentiert, mehren Reproduktionen und Imitationen den Ruhm ihrer Vorbilder. Walter Grasskamp hat dafür die schöne Formulierung gefunden, »dass das Ansehen eines modernen Kunstwerks gerade in dem Kometenschweif von Reproduktionen liegt, den es hinter sich herzieht«.[9]

Doch es gibt auch Gegenbeispiele: Weder Joan Miró noch René Magritte hat es gut getan, dass ihre Bilder als Poster in zahllosen Jugendzimmern hingen. Beide Künstler werden heute von der akademischen Kunstgeschichte weitgehend gemieden. Im Fall Calder lässt sich exemplarisch nachvollziehen, dass nicht nur fotografische, sondern auch händische Reproduktionen zur kulturellen Abwertung (die nicht immer mit der ökonomischen identisch ist) führen können. Der kommerzielle Erfolg der Mobile-Produkte ließ die Originale auf einmal als dekorativ und kunsthandwerklich erscheinen.

7 Besonders erfolgreich: John Lynch, *How to Make Mobiles*. New York: Studio Publications 1953.

8 *Museum Comes to Life*. In: *Economist* vom 31. Dezember 1955 (zit. n. Taylor).

9 Walter Grasskamp, *Die Reise der Bilder. Zur Infrastruktur der Moderne*. In: Ders., *Die unbewältigte Moderne*. München: Beck 1989.

Calders Skulpturen, in welchem Maßstab auch immer, seien »im Grunde genommen nach wie vor ein Ohrring«, ließ ein Kunstkritiker wissen.[10]

Auch die Einfachheit, mit der Mobiles von alten und jungen Hobbybastlern nach Feierabend herzustellen waren, wurde nun betont: »Sie müssen kein Künstler sein und brauchen kein Talent«, hieß es bezeichnenderweise in einer kunstpädagogischen Broschüre des MoMA: »Jeder kann das.«[11] Für Calder war das keine gute Nachricht. Zwar versuchten seine Unterstützer, den grundlegenden Unterschied zwischen seinen »ingeniösen« Konstruktionen und den »plumpen« Nachahmungen zu betonen – in der Realität aber waren sie kaum auseinanderzuhalten. Für die Kunstelite war Calder, der sich auf Atelierfotos gerne als genialischer Handwerker in der Metallwerkstatt inszenierte, nun kaum mehr als ein Hobbybastler unter vielen.

»Die Identität der Nachkriegsmoderne«, schreibt Taylor, »war durch ihren scheinbaren Gegensatz zu allem Populären und Dekorativen bestimmt.« Diese stillschweigende Übereinkunft hatte Calder verletzt. Ohne sein direktes Mittun – an der massenhaften Verbreitung der Mobiles hatte er keinen Anteil – war sein Werk zum Teil der Populärkultur geworden. Ein Jahrzehnt später gelang es der Pop Art, genau das wieder zur Kunstform zu erheben. Aber Calder blieb kompromittiert.

10 Kurt von Meier, *Recent Sculpture: Los Angeles Letter*. In: *Art International*, Nr. 11/4, April 1967 (zit. n. Taylor).
11 Victor D'Amico u.a., *Art for the Family*. New York: Museum of Modern Art 1954 (zit. n. Taylor).

Autos und andere Kunstwerke

In der Berliner Ausstellung gab es zwei Exponate, die sich von allen anderen unterschieden. Verschämt standen in einer Vitrine in einer Ecke des Foyers, außerhalb des eigentlichen Ausstellungsbereichs, zwei Modelle für das BMW »Art Car«, das Calder 1975, ein Jahr vor seinem Tod, bemalen ließ. Für den Autohersteller war es der Beginn einer langjährigen Serie von Sportwagen, die von Künstlerinnen und Künstlern gestaltet wurden, darunter Andy Warhol oder Jenny Holzer.

Zwar mag Calders Kunst abgewertet und er selbst in Kunstkreisen »beinahe verleumdet« (Schjedahl) worden sein, aber seine Popularität war ungebrochen und machte eine Zusammenarbeit auch für große Unternehmen attraktiv. Für Calder waren solche kommerziellen Kooperationen nichts Neues. In den sechziger Jahren waren private und öffentliche Aufträge sein Hauptgeschäft, er war zu einem weltweit erfolgreichen Auftragskünstler geworden – ein Beweis dafür, dass Prestigeverlust im Kunstfeld und Erfolg in der weiteren Kunstöffentlichkeit sich keinesfalls ausschließen. 1973 bemalte Calder Flugzeuge der Braniff International Airways, damals eine der großen amerikanischen Fluggesellschaften. Auf der Website der Calder-Foundation, der Rechtsnachfolgerin des Künstlers, werden sowohl die *Art Cars* als auch die Braniff-Flugzeuge als »unusual projects« geführt – als ob er hier etwas äußerst Kühnes gewagt hätte.

Tatsächlich erscheinen gerade diese Projekte aus heutiger Sicht besonders spannend. Nicht, weil an ihnen irgendetwas verwegen oder ungewöhnlich wäre – sondern weil sie etwas erzählen über das

Verhältnis von Publikumszuspruch und Prestige. Für das 19. Jahrhundert hat Pierre Bourdieu (in *Die Regeln der Kunst*) beschrieben, wie Hierarchien im Feld der Kunst zustande kommen. Das kulturelle Kapital einer Kunstform (oder eines Künstlers) nimmt dabei »mit wachsendem Umfang und vor allem mit wachsender sozialer Streuung des Publikums tendenziell ab«. Weil dem breiten Publikum keine Kompetenz bei der Beurteilung von Kunst zugesprochen wird, sinke das Prestige einer Kunst mit zunehmendem Zuspruch dieses Publikums (ihre Position in der ökonomischen Hierarchie steigt typischerweise im selben Maß). Umgekehrt verschaffe ein elitäres Publikum der Kunst zwar noch kein ökonomisches, aber symbolisches Kapital.

Anders formuliert: Der Rang einer jeweiligen Kunst – das, was gemeinhin als ihre Qualität bezeichnet wird – entspricht ziemlich genau der »sozialen Qualität« (Bourdieu) ihres Publikums. Bourdieu führt diese radikale, aber auch ziemlich ernüchternde Einsicht an verschiedenen literarischen Gattungen des 19. Jahrhunderts aus. Aber sie lässt sich durchaus auf einzelne Künstlerinnen und Künstler übertragen. Sein kalter soziologischer Blick auf die Kunst ist vor allem für Calders Prestige-Achterbahn aufschlussreich. So wird deutlich, warum die Popularisierung der Mobiles für Calder so problematisch war: Sie führte dazu, dass er beim falschen Publikum beliebt wurde.

Andererseits ließe sich vermuten, dass Calder für BMW gerade durch seine Abwertung attraktiv geworden war: Schließlich dürfte sich dessen neues Middlebrow-Publikum recht exakt mit der Fangemeinde schneller Sportwagen und der BMW-Käuferschicht gedeckt haben.

Nichts lag der Ausstellung in der Neuen Nationalgalerie ferner, als solche – ja immer heiklen – Unterscheidungen zwischen richtigem und falschem Publikum zu thematisieren. Vielmehr wurde jeglicher Hinweis auf Calders Verbindungen zur Massenkultur sorgsam vermieden. So musste auch seine Kooperation mit dem Autohersteller in das Narrativ der Kunstautonomie gezwängt werden. Zum Auftrag, ein Auto gegen Honorar zu bemalen, hatte die betreffende Texttafel deshalb nur wenig zu sagen. Stattdessen lieferte sie affirmativen Kunstsprech zur »Innovationskraft«, die dafür verantwortlich sei, dass Calder »unermüdlich« neue Genres geschaffen habe. Zentral für das Projekt *Art Car* sei »die soziale wie ästhetische Aktivierung«. Indem er das Fahrzeug mit »dynamischen Formen« überzogen habe, habe er es von der »formalen Struktur eines Rennwagens« befreit.

Bleibt die Frage, ob Calder es verdient hat, mit dieser Floskelsoße übergossen zu werden. Es stimmt ja, dass die Kunst der Moderne ihre kommerziellen Interessen und ihre ökonomischen Verquickungen immer offensiv verleugnen musste. Das gehörte zum Spiel dazu.[12] Aber in einer Zeit, in der sich diese Spielregeln gerade zu ändern scheinen und Künstler ganz offensiv etwa mit der Modeindustrie kooperieren, ließe sich aus Calder doch sehr viel mehr machen. Man könnte fragen, ob seine Mobiles – und erst recht sein *Art Car* – nicht am Anfang des »Endes der Kunstautonomie« stehen, wie es Wolfgang Ullrich kürzlich diagnostiziert hat.[13] Oder ob sein Werk nicht im Gegenteil noch ganz der al-

12 Besonders aufschlussreich ist die kulturhistorische Herleitung von Kunst als Sphäre der »unveräußerlichen Dinge« bei: Hartmut Böhme, *Fetischismus und Kultur. Eine andere Theorie der Moderne*. Reinbek: Rowohlt 2006.

13 Wolfgang Ullrich, *Die Kunst nach dem Ende ihrer Autonomie*. Berlin: Wagenbach 2022.

ten Avantgardelogik verpflichtet ist und darum entwertet werden musste. So oder so könnten die erstaunliche Abhängigkeit der Kunst von ihrem Publikum und die Mechanismen der Popularisierung von Kunst sichtbar gemacht werden. Auf eine solche Calder-Ausstellung, in der das *Art Car* sich wohl nicht in einer Ecke verstecken, sondern im Zentrum stehen würde, warten wir noch.

Dem Rennteam übrigens, das mit dem BMW Art Car 1975 im 24-Stunden-Rennen von Le Mans antreten musste, brachten weder die »ästhetische Aktivierung« noch die »Befreiung von den formalen Strukturen eines Rennwagens« Glück. Der umgebaute BMW 3.0 CSL schied nach dreiundsiebzig Runden aus und wurde disqualifiziert. Ein bisschen peinlich war das schon.

Der Krieg in den Knochen

Christiane Hoffmanns Familiengeschichte »Alles, was wir nicht erinnern«

Von Aleida Assmann

Mit diesem Buch hatte ich nicht gerechnet. Christiane Hoffmann hat soeben die Erinnerung ihrer Familie für eine breite Öffentlichkeit aufbereitet.[1] Ist denn die Fluchtgeschichte deutscher Familien um 1945 noch ein Thema? Es wurde doch unmittelbar nach dem Krieg ausführlich behandelt, dann trat es einige Jahrzehnte in den Hintergrund und hatte durch Günter Grass' Novelle *Im Krebsgang* nach 2002 eine zweite Konjunktur. Es gab wichtige literarische Texte zum Thema, historische Forschung, mediale Aufbereitung und zwei große Ausstellungen in Bonn und Berlin. All das mündete 2021 in das Dokumentationszentrum Flucht, Vertreibung, Versöhnung in Berlin. Damit hat das Thema »Flucht« auf der Berliner Erinnerungsmeile ein sichtbares Zeichen bekommen, und dieses Zeichen ist auf Versöhnung ausgerichtet. Es schien dort nicht nur gut aufgehoben, sondern auch erledigt zu sein.

1 Christiane Hoffmann, *Alles, was wir nicht erinnern. Zu Fuß auf dem Fluchtweg meines Vaters.* München: Beck 2022.

Krieg und Frieden

Ich habe mich getäuscht, aber auch etwas Neues dazugelernt. Wie man Geschichte erlebt und beurteilt, das hängt unmittelbar von den prägenden historischen Ereignissen ab, die man selbst erlebt hat. Ich bin nach dem Zweiten Weltkrieg geboren und kriegsschadensfrei aufgewachsen, während mein Mann und meine Geschwister Kriegskinder sind, denen der Krieg in den Knochen steckt. Christiane Hoffmann beschreibt in ihrem Buch, wie auch ihr, die zwei Jahrzehnte nach mir geboren ist, der Krieg noch in den Knochen steckt. Obwohl Mitglied der dritten Generation, schreibt sie ihr Buch aus der Perspektive eines Kriegskinds, sie beschreibt die Nachwirkungen, die die Fluchtgeschichte ihres damals neunjährigen Vaters bei ihr in Gang gesetzt hat.

Christiane Hoffmanns Biografie setzt lange, bevor sie auf die Welt kam, ein: am 22. Januar 1945, dem Tag, als die Flucht der Familie begann. Meine Biografie begann ebenfalls, bevor ich geboren wurde: am 8. Mai 1945, als der Krieg durch die Kapitulation Nazideutschlands beendet wurde. Christiane Hoffmann schreibt ihre Biografie aus einer verdrängten und vergessenen Leidensgeschichte heraus, ich schreibe sie vom Sieg der Alliierten her, die die Deutschen von sich selbst befreiten.

Wir verkörpern damit zwei unterschiedliche Narrative, eins des Friedens und eins des Krieges. Das Narrativ des Friedens, das die Alliierten vorgaben, setzte auf Vergessen. Vergessen war eine Überlebensstrategie, die darin bestand, den Schmerz einzukapseln, die Vergangenheit hinter sich zu lassen und sich ganz auf das Versprechen einer besseren Zukunft einzustellen. Dieses Narrativ wurde 1985 zeitgleich mit dem Bekenntnis zu einer deutschen Holocaust-Erinnerung durch Richard von Weizsäcker noch einmal erneuert. Hoffmanns Buch thematisiert, was mit Übernahme des Friedensnarrativs alles vergessen wurde und emotional unter den Tisch fallen musste. Dass es zu einem Zeitpunkt erscheint, wo nach einer fast siebenundsiebzigjährigen Friedensära die Realität eines brutalen Angriffskriegs wieder Jedermann vor Augen steht, war nicht eingeplant. Aber angesichts der täglichen Bilder von Krieg und Flucht liest sich Hoffmanns Buch unweigerlich auch wie ein unheimliches Déjà-vu.

Verlust der Heimat

Der Verlust spielt in dem Buch auf mehreren Ebenen eine Hauptrolle. Am Anfang steht der Verlust der Heimat einer deutschen Familie, die seit 1238 in Niederschlesien lebte, bis sie 1945 von dort fliehen musste. Ein Satz wie: »Damals gehörte das alles zu Deutschland« kann heute jedoch nicht mehr ausgesprochen werden, weil er im neuen Europa sofort unter Revisionismusverdacht steht. Hoffmann wendet sich auf eine ganz andere Weise einer langen Geschichte zu, die in unterschiedliche nationale Geschichten aufgespalten und zersplittert ist. Mit dieser Zersplitterung wird die Geschichte jedoch auf das jeweils Passende zurechtgestutzt und als politische Waffe eingesetzt.

Die Autorin vergleicht Landkarten und verfolgt im Detail die mehrfach verschobenen Grenzen. Es geht ihr dabei darum, diese lange Geschichte rückblickend als eine gemeinsame zu rekonstruieren. Ihr Ausgangspunkt lautet: »Es gibt keine gemeinsame Geschichte, keine gemeinsame Perspektive, jeder erzählt Seins den Seinen, historische Monologe, Deutsche und Polen mit dem Rücken zueinander, und das Unsagbare bleibt unsagbar, auch nach 75 Jahren.« Solange sich daran nichts ändert, bleibt Geschichte nationalistisch und explosiv. Mit ihrem Buch arbeitet die Journalistin an der Entschärfung dieser Munition. Sie sammelt private und historische Dokumente, sucht nach Zeitzeugen und führt Interviews mit Menschen, die sie in polnischen und tschechischen Dörfern trifft. Sie hört vor allem zu und gibt unterschiedlichen Perspektiven Raum.

Der Verlust der Heimat konkretisiert sich in dem Anwesen Nr. 84 in dem kleinen Dorf Rosenthal/Różyna. Es besteht aus Haupthaus und Auszughaus, Stall und Scheune. Nach der Flucht der deutschen Familien zogen nach dem Krieg durch »Umfüllen«, wie die Autorin dies nennt, polnische Flüchtlinge in die verlassenen Häuser ein. Auch später fielen die Gebäude nicht dem Abriss oder der Modernisierung zum Opfer. Sie bildeten eine Enklave der Vergangenheit, in die die Familie zu wiederholten Besuchen zurückreisen konnte. Der Verlust der Heimat bezieht sich dabei nicht nur auf den Ort und den materiellen Besitz, sondern vor allem auf Gefühle wie die Verbundenheit mit den Vorfahren, deren Grabsteine nicht mehr zu finden sind, und auf die Landschaft, auf Erzählungen, auf Mohnkuchen, Sehnsucht und Trauer.

Die Trauer- und Erinnerungsarbeit Christiane Hoffmanns besteht vor allem darin, Kontakte herzustellen. Sie wird gastfreundlich aufgenommen in dem Haus, das ihr Großvater gebaut hat. Sie spricht mit einer jungen polnischen Mutter über Alltagsprobleme und den Krieg. »Wir sitzen im Hof unter dem Holzdach und sprechen über unsere Großväter, die den Drachen gesehen haben, zwei Nachfahrinnen, verbunden durch das verfluchte zwanzigste Jahrhundert [...] Und mit der Zeit beginnt sie zu verstehen, warum ich hier bin. Und ich auch.« Die Autorin versteht sich in dem Maß, wie sie von ihrer Gesprächspartnerin verstanden wird. Sie erkennt in der polnischen Großmutter Stasia ihre eigene Großmutter und stellt ihre Fragen »in gebrochenem Polnisch, Kinderpolnisch, um zu verstehen, was Heimat bedeutet und Heimatverlust, wie eine Blinde, die sich ein Gemälde beschreiben läßt«. Wer den Krieg in den Knochen hat, weiß, was ein nachhaltiger Frieden braucht: persönliche Kontakte und Nachbarschaften, wo Hass und Misstrauen abgebaut werden und zwischenmenschliches Vertrauen wachsen kann.

Der Austausch zwischen Menschen mit Fluchterfahrungen – »es sind die gleichen Geschichten«, sagt die Autorin einmal – lässt Angst, Schmerz und die Trauer über den Verlust von Haus, Menschen und Tieren als ein gemeinsames Muster hervortreten. Diese Innensicht eines erlebten Einverständnisses zwischen Menschen mit entgegengesetzten Fluchtrichtungen unterscheidet sich von der Außenansicht einer wissenschaftlichen Perspektive, die dies als Narrativ für eine Ausstellung einsetzt. Ein Beispiel dafür ist das bereits erwähnte Berliner Dokumentationszentrum für Flucht, Vertreibung, Versöhnung.

Das Museum wurde nach seiner Eröffnung im Sommer 2021 allgemein mit Applaus und Erleichterung aufgenommen, weil das Ausstellungsdesign jede Möglichkeit einer Instrumentalisierung für revisionistische Zwecke souverän durchkreuzt. Für die verschiedenen Fluchtgeschichten, die hier gut recherchiert und ausgewogen nebeneinander ausgestellt sind, gibt es viel Platz in dem aseptischen Baukörper aus Sichtbeton. Die Ausstellungsstücke erzählen ergreifende Geschichten, die an die Empathie der Besucherinnen appellieren. Emotionen sind zugelassen und gleichzeitig durch den Ausschnittcharakter der Beispiele kanalisiert, mit guten Gründen, denn hier öffnet sich ja die Pandora-Box negativer Verlustaffekte wie Wut, Angst, Verbitterung oder Ressentiment. Der Schmerz des Verlusts bleibt in diesem Rahmen zwangsläufig eine Leerstelle.

Verlust der Erinnerung

Das Buch von Christiane Hoffmann öffnet einen Raum für diese Leerstelle. »Es gab nichts, das wenigstens stellvertretend für die verlorene Heimat gestanden hätte, für Jahrhunderte Hoffmannscher Geschichte, keine Granatbrosche, kein Goldring.« Diese Leerstelle konkretisiert sich in dem Oberteil des neuen Matrosenanzugs für den neunjährigen Vater, das in der Eile des Aufbruchs unter dem Weihnachtsbaum zurückblieb. Auf diese Leerstelle weist der Buchtitel hin: *Alles, was wir nicht erinnern.*

Die Autorin macht es sich zur Aufgabe, vorzustoßen zum Ungesagten und Unsagbaren, zu dem, was weggesperrt, eingefroren und im Dunklen verborgen ist. Von früh an ahnt sie, dass ihr vieles vorenthalten wurde aus dem Leben der Erwachsenen. Auf ihre Rückfragen erhielt sie immer nur dieselben Stichworte, die sich wie ein Schutzwall um das Unausgesprochene legten. In vielen Geschichten zum Beispiel spielten Milde und Menschlichkeit eine größere Rolle als die Erfahrung der Grausamkeiten des Kriegs. Und so erzählte schon der Großvater aus dem Gulag nur das, was er ertragen konnte, »was ihn rettete«.

Auch für den Vater, der nach der Flucht am Ankunftsort seinen Namen wechselte, war das Vergessen lebenswichtig. Seine lebendige Erinnerung begann überhaupt erst mit dem neuen Namen und der neuen Adresse, alles Frühere blieb schemenhaft. »Vielleicht hat das Jahr 1945, das Trauma der Flucht, die Erinnerung an Rosenthal ausgelöscht«, überlegt die Tochter. »Aber eigentlich glaube ich, dass Du Dich nicht an Rosenthal erinnern wolltest. Du wolltest in Wedel ankommen [...] Du wolltest nicht der Flüchtlingsjunge sein, Du wolltest dazugehören.« Und noch kürzer: »Du musstest vergessen, um leben zu können.« Diese Haltung ist durchaus plausibel: »Wer sich nicht erinnert, hat nichts verloren. Wer nichts verloren hat, braucht auch nicht zu trauern. Was man nicht erinnert, kann man auch nicht vermissen.«

Doch der Verlust der Erinnerung hat nicht nur gute Seiten: »Gefühle, die man sich selbst verbietet, dürfen sich auch andere nicht erlauben.« Die unterdrückte Trauer erzeugte Irritationen und Fremdheit in der Familie, sie trennte die Menschen. Der Verlust der Heimat war ein tiefsitzendes Gefühl, zu dem es keinen Zugang mehr gab; für den Vater war die eigene Kindheit samt den mit ihr verbundenen Empfindungen amputiert. Doch was nicht erinnert und erzählt wird, wird auf anderen, weniger bewussten Kanälen weitergegeben.

Der Verlust des Vaters

Den dritten Verlust in diesem Buch bildet der Tod des Vaters, der eine tiefe Zäsur im Leben der Autorin bedeutet und ihr Verhältnis zur Familiengeschichte grundsätzlich verändert. Mit seinem Tod und ihrem persönlichen Abschied fallen die drei Verlusterfahrungen des Buches zusammen. Es beginnt vor dem ersten Kapitel mit der Widmung an den Vater und endet mit seinem Tod. Mit dem immer wieder aufgenommenen »Du« ist er das Thema und der Adressat dieses nicht linear erzählten Textes. Diese Passagen lesen sich wie ein Brief an den Vater, der ihn allerdings nicht mehr erreicht.

Hoffmanns Vaterbeziehung gilt einem traumatisierten Jungen und unterscheidet sich damit radikal von den Vaterbildern der Familienromane der achtundsechziger Generation, die sich gegen die Übermacht ihrer meist autoritären und reuelosen Nazi-Väter behaupten musste. Eine Generation später hat sich das Verhältnis zur deutschen Geschichte gewandelt. Statt um Bruch und Abrechnung geht es hier um die Geschichte einer intensiven Beziehung, die von mitfühlender Empathie zu stellvertretendem Mit-Leiden führt. Der Vater war ein Fluchtkind und verbunden mit einer Geschichte, die in der Welt der Gegenwart und in der deutschen Erinnerungskultur eigentlich keinen Platz hatte. Dieses vermeintlich erledigte Thema in einer neuen historischen Konstellation noch einmal zu beleben, erfordert Mut, historische Bildung und Inspiration.

Der Tod des Vaters bedeutet eine tiefe Zäsur im Familiengedächtnis, denn er war der letzte Zeitzeuge, der die Erfahrung von Heimat und Flucht noch leibhaftig verkörperte. Diese Schwelle im Familiengedächtnis, wo das plötzliche Erlöschen der lebendigen Erinnerung sinnlich fühlbar wird, hat Katja Petrowskaja einmal so beschrieben: »Geschichte ist, wenn es plötzlich keine Menschen mehr gibt, die man fragen kann, sondern nur noch Quellen.«[2] Diese Schwelle ist auch die Initialzündung des Buches von Christiane Hoffmann: »Ich weiß jetzt mehr als Du, trotzdem habe ich noch immer den Wunsch, Dich zu fragen, auch jetzt, da das nicht mehr möglich ist.«

Für die Tochter nimmt mit dem Tod des Vaters die Erinnerung eine ganz neue und existentielle Qualität an. Statt den vorgezeichneten natürlichen Weg der Auflösung der Familienerinnerung zu akzeptieren, formuliert Christiane Hoffmann mit ihrem Buch ein persönliches Veto gegen das Vergessen. Sie will in aller Form das Erbe dieser Erinnerung antreten: »Nun werde ich mich an Deiner Stelle erinnern.«

Damit hat sie sich einiges vorgenommen. Es geht ihr nicht nur darum, das Verlorene festzuhalten im Archiv der Familie und im größeren Archiv der Geschichte, der Gesellschaft, der Kultur. Die Tochter hat auch ein historisches und therapeutisches Anliegen. Das historische Anliegen besteht in dem Wunsch, getrennte Geschichten zusammenzufügen, und das therapeutische Anliegen in dem Drang, das abgespaltene Leben ihres Vaters in ihr eigenes aufzunehmen.

Das geht natürlich nur symbolisch und nachholend, und literarische Verfahren sind dabei eine Hilfe. Für die schmerzhafte Vergangenheit, die nicht von allein vergeht, schafft die Autorin in ihrem Ich einen Raum für das Du. Das ist der Raum der Nachträglichkeit, ein Schlüsselbegriff nicht nur für die freudsche Therapie, sondern auch für die Literatur. *Nachgetragene Liebe* heißt zum Beispiel ein Buch von Peter Härtling aus dem Jahr 1980, in dem sich der Autor dem in die Gegenwart fortwirkenden Schmerz einer vergangenen Auseinandersetzung zuwandte.

Mit dem Tod des Vaters beginnt für die Tochter Christiane Hoffmann ein neues Beziehungsverhältnis. Ein Bild, das sie dafür erfindet, ist der neunjährige Junge als Phantom und Doppelgänger. »Der Junge, das Du, ist mein Vater und mein Sohn.« Im Lauf ihres Texts verwandelt sich die Tochter in eine Begleiterin und Mutter, die nachholend Schutz und Zuwendung

2 Katja Petrowskaja, *Vielleicht Esther*. Berlin: Suhrkamp 2014.

spendet, was der wirklichen Mutter unter den Kriegsbedingungen der Flucht unmöglich gewesen war. Das ist keine Illusion, sondern eine Selbsttherapie: »Ich verstehe, dass ich Dich nicht finden werde, auch wenn der neunjährige Junge mich tapfer begleitet.«

Die Erinnerung als Erbe

Solange der Vater noch lebte, gab es in der Familie keinen Imperativ, sich an die verlorene Heimat und Herkunft zu erinnern. »Das wolltet Ihr, Du und Mutter, uns unbedingt vermitteln: dass uns nichts fehlte. Wir hatten doch alles.« Oder: »Herkunft hat keine Bedeutung, das war Eure Botschaft, und ich akzeptiere sie, obwohl ich fühlte, dass sie nicht wahr ist. Unterschwellig gab es ja immer noch eine andere Botschaft.« Nach dem Tod des Vaters tritt die unterschwellige Botschaft in den Vordergrund: Die Tochter stellt sich von Kopf bis wörtlich Fuß darauf ein: »Es ist meine Aufgabe, Deine Geschichte zu erzählen. Du hast mir das aufgetragen, obwohl nie davon die Rede war [...] Es ist an mir, [...] die Erinnerung zu speichern, zu konservieren, einen Vorrat für kommende Generationen anzulegen, ihn zu horten und zu hüten. Dieses Buch ist Dein Testament.«

Kann man sich anstelle eines anderen erinnern? Am Anfang steht der Wille: »Ich muss das Erbe antreten, das Du zurückgewiesen hast, ich gehe noch einmal den Weg Deiner Flucht.« Aber, und das ist entscheidend: Dieses Erbe wird nicht angetreten, um die Erinnerung zu festigen und zu verlängern, sondern um einen Fluch zu Ende zu bringen. Flucht und Fluch gehen ineinander über. Fünfundsiebzig Jahre später will sie zu Fuß allein den Fluchtweg ihres Vaters gehen, um Abschied zu nehmen von der Heimat und dem unausgesprochenen Heimweh.

Seit ihrer Kindheit ist sie besessen von Flucht und Krieg, »eine Kriegsgefangene in dem Drang zurückzukehren zu der Gefahr, in den Krieg, ins Moor«. Ihr Re-Enactment ist natürlich keine Wiederholung der wirklichen Flucht, es hat einen eher sportlichen Charakter in einer zivilen Umgebung, aber die Erfahrung der Einsamkeit, des radikalen Ausgesetztseins, des Winds, der Kälte und der bedrohlichen Natur öffnet ihr eine neue Perspektive der Identifikation. Sie ist getrieben von dem Wunsch, »Euren Schmerz zu fühlen in meinen Beinen und meinem Nacken, in dem Euch der Russe saß, um das zu erinnern, was Du vergessen hast«.

An diesem Punkt wird die Prosa atemlos und erreicht ihren emotionalen Höhepunkt. Die Autorin versetzt sich in die Flüchtenden vor fünfundsiebzig Jahren, sie spürt ihre existentielle Gefahr und was es kostet, in dieser Situation nicht in Panik zu geraten, wie es der Onkel Walter tat, der anfing zu schreien und durchzudrehen, und damit eigentlich »das einzig Angemessene in dieser Lage« tat, nämlich den Verstand zu verlieren. Sie will den ganzen Schmerz der Flüchtenden in sich aufnehmen und schreibt sich dabei so in Rage, dass sie selbst nahe daran ist, den Verstand zu verlieren: »In Sicherheit ist nur, wer keinen Schmerz mehr fühlt [...] Ich werde dieses verfluchte 20. Jahrhundert aus mir herauslaufen, aus uns allen, ich werde alles erinnern und alles vergessen, und am Ende meines Weges werden wir frei sein, heil [...] ich werde fertig sein mit Europa und seiner verfluchten Vergangenheit und nur noch für die Zukunft leben.«

In dieser Explosion von Wut, Trotz und Verzweiflung kapituliert die Autorin vor ihrem Projekt. Es überfordert sie ebenso, wie einst die echte Flucht ihre Familie überforderte, und schlägt um in eine paradoxe Flucht vor der Flucht.

Wie bei anderen Re-Enactments, etwa bei dem »Marsch der Lebenden« von Auschwitz nach Birkenau, auf den sich alljährlich am Tag der Befreiung des Vernichtungslagers jüdische Überlebende mit ihren Kindern und Kindeskindern begeben, geht es auch bei der »Flucht« der Autorin um Traumata, um Köpergedächtnis und die Identifikation mit Familienangehörigen in zeitlichem Abstand an einem historischen Ort. Allerdings mit dem entscheidenden Unterschied, dass Christiane Hoffmann ihren Fluchtweg allein geht: »Zu Fuß? Zu Fuß. Allein? Allein.« Sie verbindet sich mit Herkunft, Heimat und Familiengeschichte ohne die eigene Familie, ohne einen gesellschaftlichen Rahmen, ohne ein kulturelles Muster. Die Erinnerung, die sie geerbt hat, gibt sie nicht an ihre Kinder weiter und sucht auch nicht den Anschluss an ein bestehendes Erinnerungskollektiv wie das der Vertriebenen. Vielmehr holt sie den Fluch dieser Erinnerung aus sich heraus und schreibt gleichzeitig ihre eigene Geschichte in das historische Archiv der Deutschen ein.

Das durchlässige Familiengedächtnis

Die Familie ist eine Gefühlsgemeinschaft, in der Botschaften unterdrückt und gleichzeitig vermittelt werden. Vergessen ist kein Schutzwall; was verschwiegen und nicht weitergegeben wird, findet andere Kanäle. Das Familiengedächtnis hat kommunizierende Röhren zwischen den Generationen, sie sind diffus und schwer zu kontrollieren. Hoffmanns Buch ist ein sensibles Protokoll dieser Durchlässigkeit: »Du vergisst, aber Du gibst mir den vergessenen Schrecken weiter«. Und: »Das Dunkle [lauert] überall unter der Oberfläche meiner lichten Kindheit.« »Ich lerne die Angst«, die Angst vor dem Krieg, die die Tochter, wie sie erzählt, jeden Abend in den Schlaf begleitete. »Was für Euch stimmt, nehme ich als meines an, als sei ich auch geflüchtet in Todesgefahr, als hätte ich auch erlebt, wie alles von einem Tag auf den nächsten verloren gehen kann.« Sie hat »Angst, dass der Krieg nie beendet sein, sondern immer wiederkehren würde, dass es nie vorbei sein würde«.

Dass Kinder die Alpträume ihrer Eltern träumen, gilt nicht mehr als unwahrscheinlich, seitdem es die Diagnose der intergenerationellen Übertragung und den Begriff des Traumas gibt. Mit diesem technischen Begriff geht die Autorin aber sehr sparsam um. Sie ersetzt ihn durch sinnliche und bildhafte Worte. Der Krieg ist ein »Drache«, ein drohendes Ungeheuer, das bedrohliche Laute von sich gibt, wenn es sich nähert. Die Flucht ist ein »Bruch«, der die Welt von einem Tag auf den anderen irreversibel verändert. »Das ist der Fluch: Krieg und Flucht sind vollkommen verborgen und allgegenwärtig, sie stecken in Euren Körpern und in meinem«, und selbst die Enkeltöchter sind nicht frei davon.

Diese Durchlässigkeit des Familiengedächtnisses strukturiert auch die Form des Buchs. Eine lineare Erzählung ist hier unmöglich, denn es gibt nicht nur Brüche und radikale Veränderungen, sondern auch emotionale und inszenierte Wiederholungen wie das Abschreiten der Fluchtroute. Verschiedene Zeitebenen rutschen ineinander: 1945 die Flucht der Familie, 1978 der erste Besuch in der alten Heimat, auf den weitere folgen, die achtziger Jahre mit dem Studium in Moskau und Reisen nach Osteuropa zu Zeiten des Kommunismus, 2005 und 2015 folgen weitere Reisen in die Heimat, 2018 der Tod des Vaters und 2020 der Beginn der Wanderung auf der Fluchtroute. Die vier Kapitel des Buchs bauen aufeinander auf, aber sie unterscheiden sich nicht klar, denn alle enthalten Erzählungen, Zeugnisse aus dem Familiengedächtnis, Interviews und reflektierende Passagen. Es sind die Wiederholungen, die das emotionale Gewicht des Erzählten deutlich machen. So bildet sich ein Kreis um den anderen wie bei einem Stein, den man ins Wasser wirft.

Erinnerungsarbeit als Friedenssicherung

Fünfundsiebzig Jahre nach der Flucht spricht die Autorin mit Menschen, denen sie auf ihrer Route begegnet, über den Krieg, die Flucht und Umsiedlungen. Darunter ist auch eine Deutsche, die 1945 vor Ort war. Pauli ist »der einzige Mensch, der mich mit Euch verbindet, der sich noch an die Flüchtlinge erinnert, der einzige Mensch auf 500 Kilometern«. In Klinghardt, dem Ort, wo die Flucht endet, ist die letzte Zeugin gerade gestorben. Während sich das Band der lebendigen Erinnerung auflöst, besetzt die Politik die Geschichte mit ihren gegensätzlichen nationalen Narrativen, in denen der eigene Stolz oder das eigene Leid im Mittelpunkt steht, während das, was man anderen angetan hat, säuberlich ausgeklammert wird.

Die Hoffnung auf Überwindung nationalistischer Unvereinbarkeiten richtet sich auf die dritte Generation, die weniger belastet ist von politischen Feindbildern und inzwischen ihre eigene Geschichtsforschung betreibt in privaten Archiven und lokalen Ausstellungen. Diese zeigen, dass das historische Interesse an der unmittelbaren Vergangenheit wächst. »Unsere Deutschen« heißt eine Ausstellung, die in Tschechien gezeigt wird. Das neue Klima innerhalb der Europäischen Union hat in drei Jahrzehnten durchaus Wirkung entfaltet und Kontakte und Verbindungen entstehen lassen, wo vormals Grenzen und Ideologien die Menschen voneinander trennten.

Auch Christiane Hoffmanns Buch bildet solch ein privates Archiv, in dem die Autorin Materialien und Geschichten zusammenbringt. Obwohl es dabei immer um Herkunft geht, spielt Identitätspolitik hier keine Rolle. Das Buch fragt nach dem, was wir nicht erinnern, und widmet sich dem Unausgesprochenen und Unerledigten, das nicht weitergegeben wurde und gerade deshalb weiterwirkt. Anders als das Vergessen könnte dieses Buch mit seiner Erinnerungsarbeit und seinem nachträglichen Durcharbeiten dazu beitragen, den Fluch der Flucht zu bannen und kommende Generationen von dieser Geschichte zu befreien.

Aus diesem dialogischen Erinnern könnte ein neuer Heimat- und Verlust-Diskurs entstehen, der unterschiedliche Geschichten anerkennt und dabei immer auch das Gemeinsame im Blick behält: die Verletzlichkeit aller Menschen und den Wunsch nach Sicherheit als universales Grundbedürfnis. »Meine Suche berührt die Menschen, denen ich begegne, das habe ich immer wieder erlebt, meine Suche nach den alten Geschichten und den alten Wunden, durch meine Vergangenheit kehrt ihre Vergangenheit zurück, es ist, als seien sie dankbar, dass sich jemand interessiert, als sei ich diesen Weg nicht nur für mich gegangen und vielleicht noch für Dich, sondern für viele.« Vielleicht kann Hoffmanns Buch sogar anderen das spenden, was sie selbst nicht gefunden hat, nämlich Trost.

(True) Crime und (Public) History

Von Tobias Becker

Ein Buch, das es nicht geben sollte titelte die *Süddeutsche Zeitung* am 11. Februar 2022.[1] Gemeint war *The Betrayal of Anne Frank: A Cold Case Investigation* der kanadischen Schriftstellerin Rosemary Sullivan. Sullivan, eine mehrfach ausgezeichnete Biografin, dokumentiert darin die Untersuchung eines internationalen Ermittlerteams, das behauptete, herausgefunden zu haben, wer die Familie Frank 1944 an die deutschen Besatzer verriet. Zunächst eher neutral aufgenommen, geriet das Buch zweifelhafter Recherchemethoden und mangelnden historischen Hintergrundwissens wegen zunehmend in die Kritik.

Jens-Christian Rabe störte sich allerdings an etwas anderem, an der Idee nämlich, »die Umstände der Festnahme Anne Franks ließen sich so umstandslos erzählen und vermarkten wie die Täterfahndung irgendeiner True-Crime-Story, samt – suspense, suspense – verpixeltem Cover?« Geschichte, erst recht die Geschichte des Holocaust, und True Crime gehen für ihn schlicht nicht zusammen.

Nun hat sich die *Süddeutsche* – wie im Übrigen die deutschen Medien insgesamt –, was diesen Aspekt angeht, ihrerseits keineswegs so eindeutig verhalten, wie der Artikel suggeriert. Nicht nur hatte sie bereits 2016 und 2017 über die Cold-Case-Untersuchung berichtet, in einem Fall unter dem reißerischen Titel *Der Agent und das Mädchen*. Als das Buch erschien, ging das zunächst durchaus so weiter.[2] Erst als die Fachwelt sich kritisch zu äußern begannt, schwenkte auch das Feuilleton um, dafür umso vehementer. Dabei fielen nun wiederum potentiell positive Aspekte unter den Tisch. Denn man mag von Untersuchung und Buch halten, was man will – dass sie als True-Crime-Story

1 Jens-Christian Rabe, *Ein Buch, das es nicht geben sollte*. In: *SZ* vom 11. Februar 2022.

2 Antonie Rietzschel, *Entdeckung von Anne Frank – Verrat oder Zufall?* In: *SZ* vom 17. Dezember 2016; Christian Gschwendtner, *Verrat an Anne Frank. Der Agent und das Mädchen*. In: *SZ* vom 8. November 2017; Thomas Kirchner, *Der Verrat*. In: *SZ* vom 17. Januar 2022; Jessica Durlacher, *Recherchen zum August 1944 in Amsterdam. Die »Wahrheit« über Anne Frank*. In: *SZ* vom 26. Januar 2022; Nils Minkmar, *»Einer der wirkungsvollsten Antisemitismus-Booster«*. In: *SZ* vom 26. Januar 2022; Thomas Kirchner / Jens-Christian Rabe, *Lückenhafte Beweisaufnahme*. In: *SZ* vom 31. Januar 2022; Thomas Steinfeld, *Der Preis ist heiß. Was passiert, wenn Verlage gute Umsätze und einen gepflegten Skandal besser finden als gründliche Lektorate*. In: *SZ* vom 7. Februar 2022.

angelegt waren, verschaffte einer nicht eben unbekannten Geschichte eine neue Aufmerksamkeit, die dieser bei nüchternerer Anlage wohl kaum vergönnt gewesen wäre.

Die Geschichte von True Crime

Dass das Genre bereits seit geraumer Zeit boomt, ist nicht zu übersehen. In den Bahnhofsbuchhandlungen stapeln sich Zeitschriften wie *Zeit Verbrechen*, *Das Kriminal Magazin* oder *Echte Verbrechen*. Das erfolgreichste, *Stern Crime*, liegt bei einer Auflage von 90 000 Exemplaren.[3] An Fernsehformaten, vom altehrwürdigen deutschen *Aktenzeichen XY ... ungelöst* über die Netflix-Serien *Making a Murderer* bis zu *Inventing Anna*, fehlt es ebenfalls nicht. Doch das eigentliche True-Crime-Medium scheint der Podcast zu sein: *Mordlust* (Spotify), *Die Spur der Täter* (MDR), *Sprechen wir über Mord?!* (SWR2), *Die Zeichen des Todes* (podimo), *Verbrechen der Vergangenheit* (GEO Epoche) – das Angebot ist kaum noch zu überblicken. Gewöhnlich gilt das US-Format *Serial* als die Mutter des aktuellen Podcast-Booms von True Crime, aber auch in Deutschland finden sich Vorläufer wie etwa die Reihe *Es geschah in Berlin*, die auf Protokollen der West-Berliner Polizei basierte und von 1951 bis 1972 im RIAS lief.

Tatsächlich ist das Genre als solches deutlich älter. Erste Vorläufer finden sich schon in der mündlichen und schriftlichen Kultur der Frühen Neuzeit, in Balladen und Flugblättern über besonders grausame Verbrechen, wie sie unter anderem bei Hinrichtungen vertrieben wurden. Während des 16. Jahrhunderts sammelte der Zürcher Pfarrer Johann Jacob Wick allein neunhundert solcher Druckschriften.[4] Zwischen 1734 und 1743 gab der französische Jurist François Gayot de Pitaval eine zwanzigbändige Fallsammlung von *Causes célèbres et intéressantes* heraus. Zunächst als Fachlektüre gedacht, entwickelte sich daraus schnell ein populäres Genre, das bis heute den Namen seines Erfinders trägt: der Pitaval.[5]

Friedrich Schiller edierte die deutsche Ausgabe, die schnell Schule machte: Der ursprünglich von dem Historienschriftsteller Willibald Alexis herausgegebene *Neue Pitaval* dokumentierte an die sechshundert der »interessantesten Kriminalgeschichten aller Länder aus älterer und neuerer Zeit« in sechzig zwischen 1842

3 Christian Dähn, *Faszination »True Crime«: wie Verlage Leser binden und Umfelder mit hohem Involvement schaffen*. In: *Editorial Media* vom 5. Oktober 2020 (www.editorial.media/2020/10/05/faszination-true-crime-wie-verlage-leser-binden-und-umfelder-mit-hohem-involvement-schaffen/).

4 Vgl. Tom Cheesman, *The Shocking Ballad Picture Show. German Popular Literature and Cultural History*. Oxford: Berg 1994; Joy Wiltenburg, *True Crime: The Origins of Modern Sensationalism*. In: *American Historical Review*, Nr. 109/5, Dezember 2004.

5 François Gayot de Pitaval, *Causes célèbres et intéressantes, avec les jugemens qui les ont décidées*. Paris 1734–1743; vgl. Sarah Maza, *Private Lives and Public Affairs: The Causes Célèbres of Prerevolutionary France*. Berkeley: University of California Press 1993; Mary Lindemann, *Eighteenth-Century True-Crime, Legal Histories, and the Literary Imagination*. In: *Daphnis*, Nr. 37/1–2, 2008.

und 1890 erschienenen Bänden.[6] Eine Fortsetzung fand das Genre in der Zwischenkriegszeit mit der von Rudolf Leonhard herausgegebenen Reihe *Außenseiter der Gesellschaft. Die Verbrechen der Gegenwart*, zu der so namhafte Autoren wie Alfred Döblin, Egon Erwin Kisch und Theodor Lessing beitrugen.

Nirgendwo aber erfreute sich True Crime einer größeren Leserschaft als in Großbritannien, wo die ebenso günstigen wie blutrünstigen »Penny dreadfuls« bereits im 19. Jahrhundert Millionenauflagen erreichten. Von ihnen lässt sich eine Linie ziehen zu True-Crime-Magazinen wie *True Detective*, das in den Vereinigten Staaten zwischen 1924 und 1995 erschien. Truman Capotes »nonfiktionaler« Roman *In Cold Blood: A True Account of a Multiple Murder and Its Consequences* von 1966 verschaffte dem Genre einen Platz in der Hochliteratur.

Das »true« im Untertitel und der so beschworene Wahrheitsanspruch verweist auf die wohl grundlegendste Genrekonvention (obwohl Capote sie wie viele, die ihm vorangingen und nachfolgten, verletzte). Auch sie findet sich bereits in Titeln aus der Frühen Neuzeit wie *The True and Genuine Account of the Life and Actions of the Late Jonathan Wild*, einer Verbrecherbiografie von Daniel Defoe aus dem Jahr 1725. Als Genrebezeichnung etablierte sich True Crime dann erstmals in den 1980er Jahren auf dem amerikanischen und von dort ausgehend auf dem internationalen Buchmarkt.[7]

Bei aller Kontinuität wandelte sich das Genre unaufhörlich. War es in der Frühen Neuzeit eng mit religiösen Vorstellungen von Schuld und Strafe verbunden, trat seit dem 18. Jahrhundert verstärkt das Innenleben der Täter in den Mittelpunkt. True Crime spielte stets mit Emotionen, aber mit welchen und auf welche Weise, das änderte sich über die Jahrhunderte hinweg erheblich. Dasselbe gilt für sich wandelnde Vorstellungen von Gerechtigkeit und Wahrheit, über die das Genre Auskunft gibt. »Man sollte einmal die Verbrechensberichte analysieren und ihren Ort im kollektiven Wissen des Volkes aufspüren«, schrieb Michel Foucault.[8] Seither ist fast ein halbes Jahrhundert vergangen. Doch noch immer ist das reichhaltige Material, das True Crime nicht nur der Literatur- und Kultur-, sondern auch der Sozial-, Medien-, Wissens- und Emotionsgeschichte bietet, über Ansätze hinaus so gut wie nicht erforscht.[9]

6 *Merkwürdige Rechtsfälle als ein Beitrag zur Geschichte der Menschheit. Nach dem Französischen Werk des Pitaval durch mehrere Verfasser ausgearbeitet und mit einer Vorrede begleitet herausgegeben von Schiller*. Jena: Cuno 1792; *Der neue Pitaval. Eine Sammlung der interessantesten Criminalgeschichten aller Länder aus älterer und neuerer Zeit. Herausgegeben von Criminaldirektor Julius Eduard Hitzig und Dr. W. Häring* (Willibald Alexis). *Fortgesetzt von Anton Vollert* (ab 31. Teil). Leipzig 1842–1890.

7 Vgl. Alex Ross, *The Shock of the True. Crime and why we can't stop reading about it*. In: *The New Yorker* vom 19. August 1996. Dieser Artikel bietet einen guten Überblick über die Geschichte des Genres im englischsprachigen Raum.

8 Michel Foucault, *Der Mord, den man erzählt*. In: Ders. (Hrsg.), *Der Fall Rivière. Materialien zum Verhältnis von Psychiatrie und Strafjustiz*. Frankfurt: Suhrkamp 1975.

9 Zum sozialhistorischen Potential vgl. Anita Biressi, *Death in the Good Old Days: True Crime Tales and Social History*. In: Sally

Das gilt nicht zuletzt auch für die Public History als Disziplin, die erforscht, wie Historisches von der und in der Öffentlichkeit repräsentiert und verwendet wird. Denn seit seinen Anfängen greift True Crime neben aktuellen Fällen immer wieder und sogar besonders gerne längst vergangene auf. Das Genre daraufhin zu untersuchen, welche Vergangenheiten es wie thematisiert, welches Wissen und welche Annahmen oder Klischees es dokumentiert und vermittelt, verspricht nicht nur Aufschluss darüber, welche Vorstellungen sich eine gegebene Gegenwart von einer Vergangenheit macht. Es sagt auch eine Menge über die Gegenwart selbst aus.

True Crime als Geschichte

»Wir wollten die Geschichte der Beziehungen zwischen Psychiatrie und Strafjustiz studieren. Dabei stießen wir auf den Fall Rivière.« So beginnt der von Michel Foucault herausgegebene Band *Der Fall Rivière*. Er enthält zum einen zeitgenössische Dokumente über Pierre Rivière, der 1835 seine Mutter, seinen Bruder und seine Schwester ermordete, und zum anderen Analysen des Falls von Foucault und seinem Team. Aufgrund der Besonderheit des Falls und der reichen Überlieferung verkehrte sich das Verhältnis: Der einzelne Fall erlaubte es, größere historische Kontexte aufzuzeigen. Ungewöhnlich für eine Quellenedition plus Essays entwickelte sich *Der Fall Rivière* nicht nur rasch zu einem Klassiker der Geschichtsschreibung, er erreichte ein breites Publikum und mit René Allios Film *Moi, Pierre Rivière, ayant égorgé ma mère, ma sœur et mon frère…* (1976) schließlich sogar das Kino.

Fast umgekehrt verhält es sich bei *Die wahrhaftige Geschichte von der Wiederkehr des Martin Guerre* über einen Hochstapler im Frankreich des 16. Jahrhunderts.[10] Zwar stieß die amerikanische Historikerin Natalie Zemon Davis ebenfalls bei Archivrecherchen auf den Fall, sie fungierte dann aber zunächst als historische Beraterin bei der Verfilmung des Stoffs (*Le Retour de Martin Guerre* unter der Regie von Daniel Vigne, 1982). Nicht völlig zufrieden damit, wie der Film den Fall präsentierte, schrieb sie jenes Buch, das zeitgleich mit dem Film erschien. Wie *Der Fall Rivière* überzeugte es zugleich als Fach- wie als populäres Sachbuch beziehungsweise als »Fachsachbuch«.[11] Was Zemon Davis aussparte war die reiche Nachgeschichte eines Falls, in der ihr Buch lediglich die jüngste Episode war: De Pitaval nahm ihn in seine Fallsammlung auf und Alexandre Dumas in seine *Crimes célèbres*, die amerikanische Autorin Janet Lewis inspirierte er zu dem Roman *The Wife of Martin Guerre*, der dem Komponisten William Bergsma als

R. Munt (Hrsg.), *Cultural Studies and the Working Class. Subject to Change*. London: Cassell 2000. Zum emotionshistorischen Potential vgl. Joy Wiltenburg, *True Crime*.

10 Natalie Zemon Davis, *Die wahrhaftige Geschichte von der Wiederkehr des Martin Guerre*. Mit einem Nachwort von Carlo Ginzburg. Aus dem Amerikanischen von Ute Leube u. Wolf Heinrich Leube. München: Piper 1984.

11 Vgl. Nina Verheyen, *Wer schreibt Geschichte für wen? »Fachsachbücher« in Geschichtskultur und Geschichtswissenschaft*. In: Cord Arendes / Karoline Döring u.a. (Hrsg.), *Geschichtswissenschaft im 21. Jahrhundert. Interventionen zu aktuellen Debatten*. Berlin: de Gruyter 2020.

Vorlage für eine Oper diente. Der Film *Somersby* (1991) verlegte die Story in den amerikanischen Bürgerkrieg, und Claude-Michel Schönberg, besser bekannt für *Les Misérables*, machte aus ihr 1996 ein Musical.[12]

Eine fast ebenso weitgespannte Nachgeschichte verfolgt der britische Historiker John Brewer in *A Sentimental Murder*.[13] Auch dieses Buch dreht sich um einen einzelnen Fall, den Mord des Geistlichen James Hackmann an Martha Ray, der Mätresse des Earl of Sandwich, 1779. Brewer zeichnet nicht nur nach, wie zeitgenössisch verschiedene Faktionen um Interpretationshoheit rangen, sondern auch wie Autorinnen und Autoren in den nächsten Jahrzehnten und Jahrhunderten das Verbrechen im Licht ihrer jeweiligen Gegenwart immer wieder neu interpretierten.[14]

Ähnlich wie Brewer rekonstruiert Michael Hagner in *Der Hauslehrer* über ein Verbrechen größere historische Kontexte.[15] Ausgangspunkt ist hier der Mord des Hauslehrers Andreas Dippold an einem seiner Zöglinge. Sukzessive legt Hagner immer neue Aspekte frei, von Polizei- und Rechtssystem über Medien und öffentliche Meinung bis hin zu den Humanwissenschaften, die in ihrer Gutachterfunktion eine fatale Rolle spielten.

Gemeinsam haben alle diese Bücher, dass sie Mikro- und Makroperspektive miteinander verbinden, indem sie anhand eines einzelnen Falls größere Fragen nach Recht, Justiz, Moralvorstellungen, Medien usw. in den Blick nehmen. Indem sie genaue geschichtswissenschaftliche Forschung in den Archiven mit populären Genrekonventionen in der Darstellung verbinden, gelingt es ihnen, Fachwelt wie Öffentlichkeit anzusprechen. Dabei legen sie eine doppelte literarische Sensibilität an den Tag: bei der Analyse der Quellen wie bei der Überführung in eine Erzählung. Über sich selbst als Erzählung reflektieren sie jedoch kaum und damit auch nicht über das Genre True Crime. Brewer erwähnt zwar Truman Capote, ohne aber eine Verbindung zwischen dessen Ansatz und True Crime herzustellen.[16]

Eine Ausnahme bildet der Band *Fabrikation eines Verbrechers* von Axel Doßmann und Susanne Regener.[17] Nicht um die 54 Morde geht es hier, die Bruno Lüdke zwischen 1924 und 1943 begangen haben sollte. Lüdke war nämlich unschuldig. Vielmehr zeigen Doßmann und Regener, wie zuerst nationalsozialistische Justiz und Wissenschaften, dann die bundesrepublikanischen Medien ihn zum Verbrecher machten. Damit beleuchtet das Buch

12 Alexandre Dumas, *Crimes célèbres*. 8 Bde. Paris 1842–43; Janet Lewis, *The Wife of Martin Guerre*. San Francisco: Colt Press 1941.

13 John Brewer, *A Sentimental Murder. Love and Madness in the Eighteenth Century*. London: HarperCollins 2004.

14 Dazu Brewer ausführlich im letzten Kapitel »History and Telling Stories«.

15 Michael Hagner, *Der Hauslehrer. Die Geschichte eines Kriminalfalls. Erziehung, Sexualität und Medien um 1900*. Berlin: Suhrkamp 2010.

16 Auffällig ist darüber hinaus, dass die Bücher kaum aufeinander Bezug nehmen. Hagner zitiert zwar mehrfach den Fall Rivière, aber gerade nicht als Vorbild.

17 Axel Doßmann / Susanne Regener, *Fabrikation eines Verbrechers. Der Kriminalfall Bruno Lüdke als Mediengeschichte*. Leipzig: Spector Books 2018.

zugleich die potentiellen Abgründe von True-Crime-Sensationen.

Obwohl die genannten Bücher dieses Label nicht verwenden oder reflektieren, greifen doch viele auf seine Strategien zurück, angefangen damit, dass sie von einem Verbrechen und seiner Auflösung ausgehen. Sie lassen sich deshalb sowohl als Krimi wie als (historisches) Sachbuch lesen oder eben als beides: True Crime.

Keine Frage, dass das auch schiefgehen kann. In *Laëtitia oder das Ende der Mannheit* rekonstruiert der französische Historiker Ivan Jablonka den Mord an Laëtitia Perrais im Jahr 2011, einer jungen Frau aus der Arbeiterschicht, die anschließenden Ermittlungen, die Medienberichterstattung und die Instrumentalisierung des Falls durch die Politik.[18] Das Buch ist penibel recherchiert und packend erzählt. Aber Jablonkas Versuch, sich in seine Hauptfigur einzufühlen, wirkt voyeuristisch. Eine Frau, die ihr ganzes Leben lang immer wieder Objekt anderer war, wird es so nach dem Tod ein weiteres Mal. Und wenn Jablonka ihr hinterherruft, sein Buch möge »ihr Leuchten sein, der glitzernde Kondensstreifen und das Lachen, das sie in der Luft eines Sommernachmittags hinterließ«, klingt das weder nach Geschichte noch nach True Crime, sondern einfach nach Kitsch. Vor allem gelingt Jablonka genau das nicht, was die anderen Bücher so brillant vormachen: den einzelnen Fall auf eine allgemeinere Ebene zu heben und dadurch übergeordnete Strukturen zu beleuchten. So streift er zwar Aspekte wie Familien- und Klassenstrukturen, Sozialstaat und Sparmaßnahmen, aber stets nur in kurzen, kaum in die Tiefe gehenden Exkursen.

Ähnlich verhält es sich bei *Mord in der Sonntagsstraße* des schwedischen Journalisten und Historikers Peter Englund.[19] Während er den Mord an einer jungen Frau und dessen Aufklärung in den 1960er Jahren deutlich abgeklärter schildert als Jablonka, fällt die historische Kontextualisierung eher noch geringer aus – vielleicht, weil der Fall zu speziell ist, um Anknüpfungsmöglichkeiten für weiterreichende historische Interpretationen zu bieten. Letztlich drängt der Krimi das Sachbuch in den Hintergrund. »Was hoffe ich hier zu entdecken?«, fragt sich der Autor am Ende des Buchs, als er ein letztes Mal den Tatort besucht. Berechtigte Frage. Immerhin erwähnt Englund als Einziger das True-Crime-Genre und auch, dass er einige Bücher aus dem Genre »mit Gewinn gelesen« habe.

True Crime und Holocaust

The Betrayal of Anne Frank fügt sich in diese Reihe der misslungenen Beispiele ein. Doch selbst wenn man anerkennt, dass das Genre zur Popularisierung von Geschichte geeignet sein sollte, gilt dies auch für Themen wie den Holocaust? Für *The Betrayal of Anne Frank* wird man das wohl verneinen müssen, nicht zuletzt aufgrund der mangelnden historischen Kontextualisierung. Während viele seiner Kri-

18 Ivan Jablonka, *Laëtitia oder das Ende der Mannheit*. Aus dem Französischen von Claudia Hamm. Berlin: Matthes & Seitz 2019.

19 Peter Englund, *Mord in der Sonntagsstraße. Geschichte eines Verbrechens*. Aus dem Schwedischen von Maike Barth. Berlin: Rowohlt 2020.

tikerinnen und Kritiker mit dem Buch hart ins Gericht gingen und Einzelne ihm sogar Antisemitismus vorwarfen, gab es auch wohlwollendere Stimmen. Es sei eine »legitime Herangehensweise«, den Fall Anne Frank auf diese Weise neu aufrollen zu wollen, befand etwa Meron Mendel, Direktor der Bildungsstätte Anne Frank.[20] Wäre die Untersuchung wissenschaftlich fundierter gewesen, hätte das Buch vielleicht eher überzeugt.

Ein Buch, das sehr überzeugend, wenn auch eher indirekt, den Holocaust in Form einer True-Crime-Geschichte aufarbeitet, ist *Die Geschichte des Schlachters* des amerikanischen Historikers Helmut Walser Smith.[21] Als 1900 in der westpreußischen Kleinstadt Konitz Leichenteile eines jungen Mannes auftauchten, kam es zu Ritualmordanschuldigungen gegen die lokale jüdische Gemeinde und pogromartigen Übergriffen. Von hier aus zieht Walser Smith immer weitere Kreise in andere Regionen und Zeiten, bis zurück ins Mittelalter, wo die Ritualmordlegenden ihren Ursprung hatten. Die Schoah, damals noch in der Zukunft, ist selbst nicht Thema dieses Buchs und doch auf jeder Seite präsent.

Wenn Mord »der Schnittpunkt von Geschichte und Verbrechen« ist, wie Foucault schreibt, dann eröffnet der Blick darauf der Geschichtswissenschaft erhebliche Möglichkeiten. Das eigentlich Problematische von *The Betrayal of Anne Frank* ist deshalb nicht etwa die Präsentation von Geschichte als True Crime. Es ist vielmehr die naive Zuversicht, einem solchen Fall allein mittels kriminalistischer Methoden gerecht werden zu können. Nicht minder problematisch ist allerdings die Art und Weise, in der sich die Medien auf diese Story stürzten. Denn wer immer Anne Frank verraten haben mag – wer für ihre Deportation und ihren Tod verantwortlich ist, das wissen wir. Sowohl das Buch wie die ersten Reaktionen darauf verloren stellenweise das eigentliche »wahre Verbrechen« aus dem Blick, anstatt es zu beleuchten. Dass es auch anders geht, zeigen die hier diskutierten Beispiele: Wie jedes historische Genre kann True Crime Geschichte erhellen, aber auch verdunkeln.

20 Hardy Funk, *Kein »Antisemitismus-Booster«*. In: *BR KulturBühne* vom 23. Februar 2022 (www.br.de/kultur/gesellschaft/anne-frank-buch-der-verrat-an-anne-frank-interview-meron-mendel-100.html).

21 Helmut Walser Smith, *Die Geschichte des Schlachters. Mord und Antisemitismus in einer deutschen Kleinstadt*. Aus dem Englischen von Udo Rennert. Göttingen: Wallstein 2002; zum selben Fall vgl. auch Christoph Nonn, *Eine Stadt sucht einen Mörder. Gerücht, Gewalt und Antisemitismus im Kaiserreich*. Göttingen: Vandenhoeck & Ruprecht 2002.

ohne
BELLA
BELLA
triste
www.bellatriste.de

Sokratismus

Philosophie als Engagement

Von Konstantin Petry

Praxis statt Wahrheit

Im Frühjahr 1954 hielt Hannah Arendt an der University of Notre Dame eine Reihe von Vorträgen unter dem Titel *Philosophie und Politik. Das Problem von Handeln und Denken nach der Französischen Revolution*. Der Untertitel der Veranstaltung verhieß zwar eine Beschäftigung mit der Gegenwart, wurde jedoch von Arendt selbst nicht allzu ernst genommen, wie sich am dritten Vortrag zeigt. *Sokrates – Apologie der Pluralität* widmet sich dem historischen Moment, den Arendt als den Beginn der Entfremdung zwischen Politik und Philosophie identifiziert: der Verurteilung des Sokrates.

Das Ergebnis lässt sich in zweierlei Hinsicht leicht kritisieren. Zum einen ist da die Trennung des Sokrates von der literarischen Überlieferung, die sie vornimmt, etwa wenn sie schreibt, »ein großer Teil der politischen Philosophie des Aristoteles, insbesondere jener, wo er in ausdrücklichem Widerspruch zu Platon steht«,[1] gehe auf Sokrates zurück. Schließlich ist es unmöglich zu wissen, worin Sokrates' Philosophie besteht, weil er uns allein durch Platon, Xenophanes und Aristophanes vermittelt ist – als Figur in Dramen und Dialogen.

Auch Arendt muss auf diese Überlieferung zurückgreifen, wobei sie sich im Großen und Ganzen auf Platon beschränkt. Diesen liest sie unkritisch, nach dem in der Tradition vorherrschenden Paradigma als Vertreter der Ideenlehre. Richard Rorty – der dieser Lesart sonst aus theoretisch-strategischen Gründen ebenfalls folgt – gibt jedoch, nicht ganz unbegründet, im *Spiegel der Natur* zu bedenken, dass man auch bei Platon nicht genau wisse, was für ein Philosoph er war, »denn nach Tausenden von Interpretationsversuchen weiß immer noch keiner, welche Textstellen in den Dialogen bloß scherzhaft gemeint sind«.[2] Hier liegt das zweite große Problem des Essays: Arendt übergeht in der Auseinandersetzung mit Platon seine spezifische literarische Form und liest ihn stattdessen inhaltistisch.

Diese beiden hermeneutisch eigentlich unhaltbaren Setzungen ermöglichen Arendt aber den Entwurf eines theoretisch fruchtbaren Sokrates-Bilds, das sie gegen die beiden großen schreibenden Philosophen der klassischen Antike in Stellung bringen kann. Platon ist für sie jemand, der die Pluralität zugunsten einer ewigen Wahrheit eliminieren möchte. Aristoteles wiederum stellt sie als im

1 Hannah Arendt, *Sokrates. Apologie der Pluralität*. Aus dem Englischen von Joachim Kalka. Berlin: Matthes & Seitz 2016. Der Originaltext *Philosophy and Politics* erschien erstmals in: *Social Research*, Nr. 57/1, Frühjahr 1990.

2 Richard Rorty, *Der Spiegel der Natur. Eine Kritik der Philosophie*. Übersetzt von Michael Gebauer. Frankfurt: Suhrkamp 1981.

Grunde unpolitischen Denker dar, wenn sie die Anekdote über seine Flucht aus Athen anführt: »Die Athener – so soll er gesagt haben – dürften sich nicht zweimal an der Philosophie versündigen. Das Einzige, was von nun an die Philosophen von der Politik wollten, war, dass man sie in Ruhe ließ, und von der Regierung forderten sie nur den Schutz ihrer Freiheit, in Ruhe zu denken.«

Diese Orientierung an einer Wahrheit, sei sie nun totalitär oder apolitisch, ist Sokrates laut Arendt vollkommen fremd: »Der Unterschied zu Platon ist entscheidend: Sokrates will nicht so sehr die Bürger erziehen als ihre *doxai* verbessern, die Meinungen, welche das politische Leben bildeten, an dem er teilnahm. Für Sokrates war die Maieutik eine politische Aktivität, ein Austausch (prinzipiell auf der Grundlage strikter Egalität), deren Früchte nicht danach beurteilt werden konnten, dass man bei dem Ergebnis dieser oder jener Wahrheit ankommen musste.«

Philosophie ist gesellschaftliche Praxis, eine Form der Interaktion mit anderen. Diese strikt dialogische Konzeption setzt die Möglichkeit eines freien Austauschs von Positionen voraus. Für Arendt ist Sokrates die Verkörperung einer antiautoritären und demokratischen Philosophie. Eine solche ist wiederum mit einem universellen Wahrheitsanspruch unvereinbar.

Richard Rortys demokratischer Antiuniversalismus

Richard Rorty nimmt in seinem Werk nur selten auf Hannah Arendt Bezug. Wenn er sie einmal erwähnt, so geschieht dies in kontextualisierenden Aufzählungen, die zeigen, dass er sie – mit vielen anderen – zur Kenntnis genommen hat. Diese oberflächliche Rezeption sollte nicht darüber hinwegtäuschen, dass Rorty genau die Konzeption von Philosophie vertritt, die Arendt Sokrates zuschreibt.

In der 2021 erschienenen Textsammlung *Pragmatism as Anti-Authoritarianism* wird das besonders deutlich.[3] Die in diesem Band veröffentlichten Vorträge sind zu weiten Teilen schon, wenn auch gekürzt, an anderen Stellen erschienen. Dennoch stellt das Buch eine letzte Versammlung fast aller Motive von Rortys Denken dar: Dazu gehört die Idee, dass Wahrheit keine Korrespondenzbeziehung zwischen Aussagen und einer irgendwie gearteten Realität bedeutet und besser als Bezeichnung für die Rechtfertigung einer Meinung, die mit ihrem zugrunde liegenden Weltbild in Kohärenz steht, verstanden wird.

Diese, je nach Blickwinkel, metaphysische oder antimetaphysische Grundposition verbindet Rorty mit einem entschiedenen Bekenntnis für die westliche Demokratie. Die Verbindung beider Positionen ist das Thema des Aufsatzes *Universality and Truth* in diesem Band. Hier versucht Rorty, gegen Habermas, zu zeigen, dass die Demokratie keine Grundierung in irgendeiner Form von Vernunft benötigt. Sie ist auch nicht *wahrer* als diktatorische Systeme, sondern eine Form der Politik unter vielen.

Das Engagement ist vielmehr Ergebnis einer Wahl. Für Rorty ist es klar, dass Philosophen nicht so viel Zeit in die Suche nach Gemeinsamkeiten verschiede-

3 Richard Rorty, *Pragmatism as Anti-Authoritarianism*. Hrsg. v. Eduardo Mendieta. Cambridge/Mass.: Harvard University Press 2021 (Übersetzungen durch den Autor).

ner Gesellschaften und Kulturen investieren würden, »wenn sie nicht hofften, zeigen zu können, dass die Existenz dieser Überzeugungen die Möglichkeit [...] einer globalen, inklusiven Gemeinschaft demonstriert«. Demokratische Politik ist für ihn Engagement für ein solches Gesellschaftskonzept. Er hätte sich auch anders entscheiden können: »Wenn ich ein engstirniger Vertreter der Ungleichheit von Schwarzen, Frauen und Homosexuellen gegenüber heterosexuellen, weißen Männern bin, muss ich nicht unbedingt die Kontingenz unter Berufung auf eine metaphysische Theorie über die wahre Natur des Menschen ablehnen. Ich könnte, und ich darf auch, wenn es um Philosophie geht, ein Pragmatist sein.«

Für Rorty folgt aus der Ablehnung der Korrespondenztheorie der Wahrheit logisch betrachtet ein Dezisionismus. Da die Wahrheit einer Aussage nicht an einer Realität, sondern lediglich über ihre Kompatibilität relativ zu einem Sprachspiel unter vielen bestimmt werden kann, ist es notwendig, ein Sprachspiel zu wählen. Politisch führt dies zu der Frage, ob man sich für eine autoritäre und exklusive Lösung entscheidet, also eine, die eine Wahrheit propagiert, oder für eine demokratische und inklusive, die dem Pluralismus Raum lässt. Es gibt dabei sowohl verschiedene autoritäre als auch verschiedene demokratische Positionen. Der Unterschied zwischen den beiden Klassen von Weltanschauungen ist, dass die verschiedenen Arten von Demokraten nicht nur einfach friedlich koexistieren, sondern in einem ständigen, mal agonalen, mal konsensualen Austausch stehen.

Die Einsicht in die Tatsache, dass Positionierungen nicht deswegen vorgenommen werden, weil sie wahr sind, sondern aus der Wahl eines Vokabulars folgen, bezeichnet Rorty in *Kontingenz, Ironie und Solidarität* als »Ironie«. Seine Geringschätzung von Wahrheit als Ziel zugunsten von Pluralität und Demokratie situiert ihn in Arendts Nähe. Die Betonung der Ironie weist wiederum in Richtung Sokrates. Tatsächlich bezieht Rorty sich in *Universality and Truth* explizit auf diese Figur und verknüpft seine Methode mit dem Kampf gegen autoritäre Tendenzen, für die er als Beispiele Nationalsozialismus und christlichen Fundamentalismus nennt.

Für Rorty ist das Philosophieren bereits eine politische Aktivität, eine Form des Engagements für die Demokratie. Seinem Verständnis nach ist Philosophie auch immer das Werben für einen Pluralismus. Es geht darum, Mitmenschen von Demokratie und Freiheit zu überzeugen. Aus genau diesem Grund suchte Rorty selbst zu Lebzeiten immer die Öffentlichkeit und mischte sich in aktuelle politische Debatten ein.

Das Fehlen des Sokratismus in Deutschland

Hannah Arendt und Richard Rorty teilen nicht nur ein ähnliches Philosophieverständnis, sondern auch das Verhältnis zur akademischen Philosophie. Beide genossen eine klassische philosophische Ausbildung, wenn sich diese auch, aufgrund zeitlicher und örtlicher Unterschiede, stark unterschieden. Beide gingen später zu ihrem Fach auf Distanz: Arendt sah sich als politische Theoretikerin, Rorty wechselte in die Komparatistik. Trotz dieser – zum Teil inszenierten – Distanzierung von der

Philosophie nahmen beide weiterhin an der philosophischen Diskussion teil, was sich in der Rezeption widerspiegelt: Beide werden in philosophischen Seminaren gelehrt und als Philosophen vorgestellt. Ihre Behandlung in Fachpublikationen unterscheidet sich von der Rezeption der Erkenntnisse von Vertreterinnen anderer Wissenschaften, aber nicht von der anderer Fachphilosophen. Sie werden jedoch selten zusammengebracht. Dabei könnte eine Orientierung an der von Arendt und Rorty geteilten Auffassung von Philosophie Impulse liefern, die die akademische Philosophie sowohl inhaltlich beflügeln als auch ihre öffentliche Bedeutung erhöhen könnten.

Die Relevanz der Philosophie in Deutschland ist wiederum sehr wohl – und bereits seit Jahrzehnten – ein Thema in der akademischen Philosophie wie auch in ihrer medialen Vermittlung. Die Debatte wird dabei oft in einem allzu pessimistischen, wenn nicht gar alarmistischen Ton und mit Verweisen auf angeblich bessere Zeiten geführt. Axel Honneth trat diesem Diskurs bereits im Jahr 2000 in einer Replik auf Dieter Henrich entgegen. Dieser hatte knapp vier Jahre zuvor anlässlich des Todes von Hans Blumenberg den Abgang einer Art Goldener Generation der deutschen Philosophie beklagt, deren Schüler nur noch imitativ auf internationale Trends reagierten.[4] Honneth wies dieses Bild entschieden zurück. Henrichs idealisierenden Blick auf die eigene Generation kritisierte er dabei ebenso wie dessen mangelnde Bereitschaft, die neuesten Entwicklungen im Fach ernst zu nehmen.[5]

Gleichwohl sah Honneth auch Probleme. So konstatierte er etwa eine zunehmende Entfremdung zwischen der Öffentlichkeit und einer akademischen Philosophie, die zu dieser auf Distanz geht und somit die Herausbildung einer weiteren Form des Philosophierens ermöglicht: »Eine Art von neuer Popularphilosophie macht sich breit, die zeitgeschichtlich aktualisierte Themen ohne Berücksichtigung von akademischen Standards einer der beiden Richtungen so zu behandeln weiß, daß die Orientierungswünsche einer alleingelassenen Öffentlichkeit surrogathaft befriedigt werden.«

An diesem Phänomen hat sich nicht viel verändert. Das Bild der Philosophie in der Öffentlichkeit ist heute stark von der Vermittlung durch einzelne Medienakteure geprägt, die sich unter dem Verweis auf diesen oder jenen philosophischen Klassiker zu jedem aktuellen Thema äußern. Sie sprechen dann etwa im Podcast mit Markus Lanz über das Selbstverteidigungsrecht der Ukraine, aber auch über die »Pflicht zur Klugheit, einzusehen, wann man sich ergeben muss«.[6] Diese Populärphilosophinnen sind häufig Moderatoren mit eigenen Sendungen, in denen auch Gäste aus der Fachphilosophie auftreten. Jedoch treten sie diesen zumeist nicht als die Fachjournalisten, die sie im Grunde sind, gegenüber und führen statt eines Interviews ein Gespräch. Gegen diese Pra-

4 Dieter Henrich, *Philosophie. Eine Kolumne. Eine Generation im Abgang.* In: *Merkur*, Nr. 572, November 1996.

5 Axel Honneth, *Philosophie. Eine Kolumne. Zwischen den Generationen.* In: *Merkur*, Nr. 610, Februar 2000.

6 Im Podcast *Lanz & Precht* vom 11. März 2022 (lanz-precht.podigee.io/29-ausgabe-achtundzwanzig).

xis ist – genau wie gegen eine populäre Behandlung philosophischer Themen – zunächst nichts einzuwenden. Allerdings verwischt sie in der öffentlichen Wahrnehmung die Grenze zwischen Philosophievermittlern und Philosophen.

Für die akademische Philosophie ist das eine Herausforderung, da sie erklären muss, worin eigentlich der Unterschied zwischen ihr und der Arbeit einer Svenja Flaßpöhler oder eines Rüdiger Safranski liegt. Dass in deren Publikationen philosophische Theoreme nicht nur populär aufbereitet, sondern zugleich verkürzt dargestellt werden, mag innerhalb der Fachwelt unstrittig sein. Doch für alle außerhalb ist dieses Wissen nicht selbstverständlich.

Das Bewusstsein für das Problem ist immerhin da. So haben die beiden größten Fachgesellschaften, die Deutsche Gesellschaft für Philosophie und die Gesellschaft für Analytische Philosophie, die Plattform *PhilPublica* gegründet, die es sich zum Ziel gesetzt hat, »an einem zentralen Ort sichtbar [zu machen], wie vielfältig die Philosophie zu Themen, die auch außerhalb der Akademie von Interesse sind, in den Medien präsent ist«.[7] Die Plattform stellt entsprechend eine Art Link-Sammlung dar, auf der wirklich jeder öffentliche Beitrag akademisch tätiger Philosophen Erwähnung findet, völlig unabhängig vom Publikationsort und vor allem vom Thema. Hier finden sich Blog-Beiträge über die ethischen Probleme des Fleischkonsums genauso wie interdisziplinär besetzte Diskussionsrunden zum Ukraine-Krieg im SRF und, nur für Abonnenten, Julian Nida-Rümelins und Nathalie Weidenfelds neuester Artikel *Diesen Fehler machen die meisten beim Fremdgehen* (*Welt* vom 23. März 2022).

Das Problem daran ist, dass *PhilPublica* lediglich zeigt, dass sich Vertreter der akademischen Philosophie zu genau denselben aktuellen Themen äußern, zu denen sich auch Popularphilosophen äußern, und das auch auf ähnliche Weise. Dabei ist es egal, ob im *Philosophie Magazin* nun anstelle der Chefredakteurin Svenja Flaßpöhler ein Professor der Philosophie glaubt, Kants Argumentation für die Auffassung, Lügen seien stets moralisch verboten, mit dem Hinweis wegwischen zu können, dass alle Menschen täglich lügen und die allgemeine Moral immer noch bestehe.[8] Die akademische Philosophie muss schließlich nicht zeigen, dass sie dasselbe kann wie die populäre, vielmehr sollte sie das, was sie von dieser unterscheidet – eine größere Gründlichkeit in Argumentation wie Textkenntnis und auch, wenn es darauf ankommt, ihr institutionelles Gewicht –, in den öffentlichen Diskurs einbringen. Hierzu müsste sie sich nicht zu jedem Thema positionieren. Aber wenn sie es tut, so sollte es aus ernsthaftem Engagement und nicht einfach als halbherzige Reaktion auf die aktuelle Nachrichtenlage geschehen.

Engagement ist in der akademischen Philosophie grundsätzlich durchaus vorhanden. So äußert sich etwa der renommierte, von John Searle sogar mal als »bester Philosoph Deutschlands« bezeichnete Markus Gabriel regelmäßig zu allen

7 *Was ist PhilPublica?* (https://philpublica.de/Info/about.php).

8 Geert Keil, *Putins Lügen und Kants Irrtum*. In: *Philosophie Magazin* vom 17. März 2022 (www.philomag.de/artikel/putins-luegen-und-kants-irrtum).

möglichen aktuellen Themen. Gleich zu Beginn der Corona-Pandemie machte er mit einigen Aussagen Furore, in denen er vor der Gefahr einer Hygiene-Diktatur warnte. Im späteren Verlauf begann er hingegen, für eine Impfpflicht zu plädieren. Interessanterweise fallen diese Wortmeldungen in den Erscheinungszeitraum seiner Bücher *Fiktionen* (Mai 2020) beziehungsweise *Moralischer Fortschritt in dunklen Zeiten* (November 2021). Diese Feststellung sollte nicht als Vorwurf aufgefasst werden, Gabriels öffentliche Interventionen seien nicht mehr als eine Werbeaktion für seine Neuerscheinungen. Doch sein bisheriges Schweigen zum Krieg in der Ukraine ist bei einem meinungsfreudigen öffentlichen Intellektuellen wie ihm durchaus auffällig.

In der akademischen Philosophie steht er damit jedoch nicht alleine da. So erschien die letzte Erklärung der Gesellschaft für Analytische Philosophie (GAP) zu einem politischen Thema im November 2021. Es handelte sich um eine Solidaritätsadresse mit der britischen Philosophin Kathleen Stock, die nach heftiger Kritik an ihren von vielen als transfeindlich aufgefassten Äußerungen ihre Professur in Sussex kündigte.[9] Die GAP zeigt sich darin besorgt über die akademische Freiheit. Doch als das Regime in Belarus Tausende engagierte Menschen, darunter auch Philosophinnen und Philosophen, wegen ihres Engagements für Demokratie und Meinungsfreiheit verhaftete, folterte oder sogar tötete, schwieg sie. Eigentlich wäre zumindest eine Solidarisierung mit verfolgten Kolleginnen und Kollegen zu erwarten gewesen, wenn nicht sogar der Einsatz sämtlicher institutioneller Einflussmöglichkeiten, diesen direkt zu helfen – etwa durch Bereitstellung von Mitteln, die es ihnen ermöglicht hätten, ihre Arbeit in Deutschland fortzuführen. Doch die beiden größten Fachgesellschaften schwiegen. Immerhin würdigt die Deutsche Gesellschaft für Philosophie in einem kurzen Statement vom 7. März den »Mut derer, die in Russland und in Belarus die Illegitimität und Sinnlosigkeit dieses Krieges beim Namen nennen und dafür Verfolgung in Kauf nehmen«.[10] Die GAP hat sich hierzu wieder nicht geäußert. Wenn eines der Länder der postsowjetischen Welt, in der Wissenschafts- und Meinungsfreiheit – die Grundbedingungen der Philosophie – herrschen, überfallen wird und die zweitgrößte philosophische Fachgesellschaft dazu schweigt, so ist es schwer zu glauben, dass ihr die Freiheit wirklich wichtig ist.

Olga Shparagas Philosophie der Revolution

Glücklicherweise gilt diese Ansicht nicht für Philosophinnen in anderen Ländern, die genau für die Rechte kämpfen, die die deutsche Fachwelt seit langem genießt.

9 Gesellschaft für analytische Philosophie, *Für eine freie und kritische Auseinandersetzung in den Wissenschaften. Eine Stellungnahme der Gesellschaft für Analytische Philosophie* vom November 2021.

10 Deutsche Gesellschaft für Philosophie, *Völkerrechtswidriger Angriffskrieg gegen die Ukraine. Erklärung der DGPhil* vom 7. März 2022 (dgphil.de/aktuelles/lesen/?tx_ttnews%5Byear%5D=2022&tx_ttnews%5Bmonth%5D=03&tx_ttnews%5Bday%5D=07&tx_ttnews%5Btt_news%5D=5859&cHash=5e5c81f8bc68d7a55364b83f59da12a2).

Ein Beispiel für die Fruchtbarkeit einer engen Verknüpfung von politischem Engagement und Philosophie liefert ein Buch, das ebenfalls 2021 erschien. In *Die Revolution hat ein weibliches Gesicht* verbindet Olga Shparaga, Mitglied des Koordinierungsrats der belarussischen Demokratiebewegung und feministische Philosophin, persönliche Erfahrungen mit politischer Analyse und entwickelt darauf aufbauend eine postsowjetische Revolutionstheorie. In ihrem Buch reagiert sie praktisch in Echtzeit auf konkrete Geschehnisse: »Begonnen habe ich im November 2020, kurz nachdem ich nach Vilnius geflüchtet war, weil mir in Belarus wegen meines Engagements im Koordinierungsrat ein Strafprozess drohte«, berichtet sie im Vorwort.[11] »Einige Ereignisse, etwa der gewaltsame Tod von Roman Bondarenko, fanden statt, während ich an meinem Buch arbeitete. Sie haben meine Gedanken geprägt.«

Gleichzeitig nutzte Shparaga während der Arbeit verschiedene Foren, um ihre Thesen zur Diskussion zu stellen. Das Buch ist also auch das Ergebnis ausgeprägter Diskussionen innerhalb der Bewegung. Shparagas Theorie folgt daher ganz der politischen Praxis, was dazu führt, dass die meisten Zitate Statistiken, Zeitungsberichten und ähnlichem Material entstammen. Philosophische Quellen tauchen seltener auf, werden aber gezielt eingesetzt. So schreibt Shparaga etwa über die ursprünglichen drei Präsidentschaftskandidaten Sergej Tichanowski, Wiktor Babariko und Waleri Zepkalo, deren Kampagnen nach ihren Verhaftungen durch ihre Ehefrauen Swetlana Tichanowskaja, Maria Kolesnikowa und Veronika Zepkalo oder, in Babarikos Fall, von engen Vertrauten übernommen und im »Vereinigten Team« zusammengeführt wurden.

Dass sie durch ihre Kandidaturen den Bürgern nicht nur das Angebot gemacht hätten, sich ihnen anzuschließen, sondern auch Inspiration gegeben, eigene Initiativen zu gründen, »von Nachbarschaftsgruppen über Studentenvereinigungen bis zu freien Gewerkschaften«, wird dabei unter Verweis auf Hannah Arendts Autoritarismuskritik verhandelt, in der ausdrücklich vom »Pathos des Neubeginns« als Charakteristikum revolutionärer Umbrüche die Rede ist. Die Philosophie schafft also Evidenz. Sie ist eine Möglichkeit, die Geschehnisse einzuordnen, zum Gegenstand der Reflexion zu machen, und sie kann gerade dadurch einen Beitrag für die Bewegung leisten, die sie begleitet. Auf diese Weise wird die Philosophie selbst zu einem Modus der Revolution.

Diese Kraft der Philosophie wird im scheinbar theoriefernen Kapitel »Schwesterlichkeit im Gefängnis« deutlich. Es handelt sich um sechs Seiten, die zur Hälfte aus zwei Facebook-Posts der Autorin bestehen, die sie als direkte Eindrücke ihrer Haft in den Text hineinmontiert und durch Kursivdruck hervorhebt. Sie sind durch spätere Reflexionen gerahmt, die ebenfalls stark subjektiv geprägt sind. So radikal wie in diesem Gefängniskapitel sagt Shparaga an keiner anderen Stelle des Buchs »Ich«. Und gleichzeitig ist es das Kapitel, in dem die Bedeutung der Philosophie am eindrücklichsten ausformuliert wird.

11 Olga Shparaga, *Die Revolution hat ein weibliches Gesicht. Der Fall Belarus.* Aus dem Russischen von Volker Weichsel. Berlin: Suhrkamp 2021.

Shparaga beginnt mit der Rückschau: »Am 4. Oktober wurde ich das erste Mal verhaftet.« Sie berichtet, dass sie an dem Tag an Kopfschmerzen litt und überlegte, ob sie an der Demonstration überhaupt teilnehmen sollte. Sie entschied sich dafür und kam für einen Tag in die Haftanstalt nach Schodino, nordöstlich von Minsk. Shparaga schildert im einmontierten Facebook-Post kurz die Gefühle während der Haft, bevor sie wieder zur Reflexion zurückkehrt, bei der sie die eigene Gefängniserfahrung mit der anderer Frauen zusammenführt.

Sie erzählt, wie die Erfahrung der gemeinsamen Haft die Solidarisierung unter den Frauen noch weiter verstärkt, und was sie taten, um die Zeit zu überbrücken. Shparaga beginnt etwa, Vorlesungen für die Zellengenossinnen zu improvisieren »zu den Themen Menschenwürde, Praktiken der Unterdrückung und Befreiungsstrategien, Solidarität und Empathie. Von Sokrates bis Foucault ist das Gefängnis auch ein Topos der Philosophie.« Und im zweiten Facebook-Post heißt es: »Das Verrinnen der Stunden ohne Uhr und Smartphone brachte meine Gedanken auf Foucault. Wenn es eine Mikrophysik der Macht gibt, müsste es dann nicht auch eine Mikrophysik der Zeit geben? Wenn ja, dann kann man auch hier im Gefängnis die Staatsmacht überlisten.«

Die Philosophie gewinnt hier neben der politischen noch eine persönliche Bedeutung, die allerdings von der ersteren nicht zu trennen ist. Sie ist Quelle einer Kraft, die verhindert, sich der Ohnmacht zu überlassen. So wie es mittels der Philosophie möglich ist, die Gegenwart der Revolution produktiv zu bewältigen und daraus Erkenntnisse zu ziehen, die im politischen Kampf nützlich sein können, ist es auch möglich, die eigene gegenwärtige Situation zu verarbeiten. Sie erscheint hier also nicht nur als eine Form des politischen, sondern auch des existentiellen Engagements. Dieses Wissen um die Gleichzeitigkeit beider Momente ermöglicht es Shparaga, auch die Erfahrungen anderer, in denen sich das Existentielle mit dem Politischen überschneidet, philosophisch zu deuten.

In dem Kapitel »Das weibliche Subjekt – vom Patriarchat gespalten?« geht es um die Bildung des »Vereinigten Teams«. Die Beschreibung setzt ein mit der Kritik, die viele Feministinnen gerade an Swetlana Tichanowskaja übten. Diese hatte öffentlich einmal gesagt, sie wolle sich primär um ihre Familie kümmern, und damit den Eindruck vermittelt, sie sähe sich lediglich als Platzhalterin ihres Mannes. Shparaga nimmt diese Aussage zum Ausgangspunkt, um eine Emanzipationsgeschichte zu erzählen: »In einer Ende Juli ausgestrahlten BBC-Reportage spricht [Tichanowskaja] darüber, wie sie sich verändert habe. Als sie bedroht wurde, habe sie zuerst geweint und sich dann zusammengerissen. Während sie erzählt, kämpft sie mit den Tränen. Sie habe viel lernen müssen, vor allem das Auftreten vor Publikum, den Umfang der öffentlichen Sichtbarkeit und das Arbeiten im Team. Das Vereinigte Team, in dem alle voneinander lernen und einander unterstützen, habe eine unschätzbare Rolle gespielt. So sei eine ›neue Swetlana‹ entstanden, ein wenig selbstsicherer und mutiger, aber immer noch genauso direkt und einfach, bereit, aus Liebe eine große Verantwortung zu tragen.«

In dieser persönlichen Emanzipation Tichanowskajas, die durch die Erfahrung weiblicher Solidarität ausgelöst wurde, sieht Shparaga auch den Grund, weshalb sie zur Anführerin der Revolution werden konnte: »In dem neuen Selbstverständnis Swetlana Tichanowskajas konnte sich die belarussische Gesellschaft wiedererkennen. Ebenso wie Tichanowskaja überwand die Gesellschaft sich selbst und wurde zum politischen Subjekt.« Die Solidarität erweist sich, im Kleinen wie im Großen, als Motor der Befreiung.

Diese Konstitution eines neuen weiblichen Subjekts bestätigt für Shparaga wiederum Judith Butler, deren Buch *Anmerkungen zu einer performativen Theorie der Versammlung* (2016) immer wieder zitiert wird. Mit ihr liest sie das Vereinigte Team als »Subjekt-Allianz, eine Koalition oder Assemblage«, in der »die Vielfalt der dynamischen Beziehungen zwischen den politischen Akteuren und Akteurinnen zum Ausdruck« komme. Aus diesem Grund sei sie »das Wesen der Politik als solcher«.

Das Bündnis zwischen Swetlana Tichanowskaja, Maria Kolesnikowa und Veronika Zepkalo konnte dem Anstoß der Transformation der belarussischen Gesellschaft dienen, weil es als Keimzelle der Solidarität bereits den Beginn eines neuen, demokratischen Belarus symbolisiert. In diesem Sinn rezipiert sich die revolutionäre Bewegung selbst, wie Shparaga im Vorwort schildert: »Besonders aktive Teilnehmer der Protestbewegung sind sogar der Überzeugung, dass wir schon heute in einem neuen demokratischen Belarus leben; dass die Zukunft bereits angebrochen ist und das Lukaschenko-Regime der Vergangenheit angehört.«

Shparaga verwendet für diesen Blick auf den Übergang den Begriff der *revolution-in-progress*. Diese Verwendung stellt bereits selbst eine Solidarisierung dar, die die belarussische Revolution in eine Linie mit anderen im postsowjetischen Raum stellt. Sie verweist auch im abschließenden Teil des Buchs auf die häufig erwähnte Vorbildfunktion der ukrainischen »Revolution der Würde«, in Deutschland meist als »Euromaidan« bezeichnet. Doch zentraler ist für sie die Revolution in Armenien von 2018. Wie die belarussische wurde auch die armenische Revolution zu weiten Teilen von Frauen getragen. Und »[w]ie in Minsk so waren auch in Jerewan Begriffe wie ›Solidarität‹ und ›Toleranz‹ von zentraler Bedeutung«. Es war also naheliegend, sich mit Protagonisten der armenischen Bewegung zu vernetzen. Diese – namentlich »Ruben Areshvatyan und Nazareth Karoyan [...] sowie die Menschenrechtsaktivistin Zara Hovhannisyan« – schlugen vor, »mit dem Begriff *revolution-in-progress* zu arbeiten, den sie für sich fruchtbar gemacht hatten«.

Die *revolution-in-progress* ist ein langfristiges, vielleicht nie wirklich abschließbares Projekt permanenter Transformation und Demokratisierung. Unter diesem Aspekt kann der Begriff auch Bewohnern westlicher Demokratien etwas sagen. Arendts Sokrates, Rortys demokratischer Antiuniversalismus und Shparagas Revolutionsphilosophie, die das Denken Butlers und Foucaults für den Kampf um Demokratie fruchtbar macht, können dabei gleichermaßen als Inspiration dienen. Alle drei philosophischen Haltungen, so sehr sie sich im Einzelnen auch unterscheiden mögen, erinnern daran, dass es in der Philosophie nicht einfach nur darum gehen muss, wer bezüglich eines spezifischen Problems Recht hat. Sie stehen stattdessen dafür, dass die Welt, in der wir leben, nicht so bleiben muss, wie sie ist, und dass die Philosophie, wenn sie sich selbst als Engagement versteht, ihren Anteil daran haben kann, dass sie sich bessert.

Couch Guy

Von Johannes Franzen

Das Jahr 2021 war für die meisten Menschen nicht leicht, aber für den Studenten Robert McCoy, besser bekannt unter dem Spitznamen »Couch Guy«, muss es besonders schwer gewesen sein. Am 21. September 2021 überraschte seine Freundin ihn an der University of Virginia mit einem Besuch. Das hätte ein normaler privater Moment sein können, aber wir leben in einer Zeit, in der jeder private Moment das Potential hat, digital vergesellschaftet, also zu einem Ereignis zu werden, an dem zahlreiche Menschen teilhaben, die ohne soziale Medien damit nicht das Geringste zu tun hätten.

McCoys Freundin hatte einen kurzen Surprise Clip auf der Plattform TikTok hochgeladen und mit einem gefühlvollen Song unterlegt (*Still Falling For You* von Ellie Goulding). Was zunächst als liebenswerter Eintrag in ein digitales Tagebuch gedacht war, wurde bald zum Gegenstand eines kollektiven forensischen Furors. Im Video – das inzwischen Millionen und Abermillionen Menschen angeschaut haben – sieht man, wie die Freundin mit einem Rollkoffer ein Apartment betritt. Dort sitzt McCoy gerade auf einer Couch neben drei Frauen, zeigt allerdings zunächst einmal keine nennenswerte Regung, bis er endlich langsam aufsteht und seinen Besuch in den Arm nimmt.

In der TikTok-Community kam diese verzögerte Reaktion ausgesprochen schlecht an. Einige User meinten, das Ausbleiben sichtbarer Anzeichen spontaner Begeisterung auf Seiten McCoys als offensichtliches Indiz für dessen Untreue werten zu müssen. In der Folge entbrannten fieberhafte Debatten darüber, ob der Clip nicht womöglich Anhaltspunkte für noch gravierendere Verfehlungen enthalte, wobei jedes körpersprachliche Detail eingehend daraufhin untersucht wurde, ob es nicht etwa als potentieller Indikator für toxische Charakterzüge und gewalttätige Tendenzen infrage komme. Für eine Analyse der Gegenwartskultur stellt der Fall McCoy eine faszinierende Quelle dar. Er wirft Fragen nach den Mechanismen der digitalen Öffentlichkeit auf, die eine Form von kollektiver Kreativität freigesetzt haben – einer Kreativität allerdings, die zu moralisch fragwürdigen Kontrollverlusten führen kann.

Narrativer Fressrausch

Inzwischen hat der »Couch Guy« sich seinerseits öffentlich zu Wort gemeldet und in einem Artikel in *Slate* geschildert, wie es sich anfühlt Anlass und Gegenstand von digitalem Storytelling zu werden.[1]

1 Robert McCoy, *I'm the TikTok Couch Guy. Here's What It Was Like Being Investigated*

Wenig überraschend handelt es sich nicht gerade um eine angenehme Erfahrung. Fremde Menschen hätten ihm alle möglichen Dinge unterstellt, hätten sich in sein Leben und sein persönliches Umfeld gedrängt und versucht, ihn zu doxxen, also seinen Namen und seine Adresse herauszufinden und im Internet zu veröffentlichen. Er sei zum Opfer eines Kults übergriffiger Amateurdetektive geworden, die offenbar zugleich jede Menge Spaß dabei gehabt hätten, sich öffentlich über ihn das Maul zu zerreißen.

McCoy zieht Parallelen zum Fall Gabby Petito, einer jungen Influencerin, deren Verschwinden zum Gegenstand digitaler Neugierde wurde. Petito war im Sommer 2021 mit ihrem Freund zu einer Busreise aufgebrochen, von der sie nicht mehr zurückgekommen war. Schließlich wurde im September ihre Leiche entdeckt. Der Verdacht fiel schnell auf ihren Freund, der bald darauf ebenfalls verschwand und später tot aufgefunden wurde. Die Auswertung seines Tagebuchs ergab, dass er Petito tatsächlich ermordet und deshalb wohl Selbstmord begangen hatte.

Was sich im Verlauf dieser Geschichte in den sozialen Medien abspielte, kann man als narrativen Fressrausch bezeichnen. Unzählige Menschen beteiligten sich an der digitalen Suche nach Petito, tauschten Mutmaßungen aus, fachsimpelten über alle Details des Falls und stellten teilweise wilde Theorien auf. Dabei bildeten sich schnell Lager, die sich – wie das für diese Ereignisse üblich ist – bald untereinander heftig zerstritten. Die Kulturwissenschaftlerin Berit Glanz bezeichnete den Fall als »True Crime in Echtzeit«, was sich von der klassischen Kommunikationssituation des Genres allerdings insofern unterscheide, als hier das Element der Interaktivität im Mittelpunkt steht: »Im Unterschied zu der eher passiven Rezeption in den True Crime Wellen der Vergangenheit kommt in Zeiten der Sozialen Medien nun also auch ein aktives Element hinzu: Das interessierte Publikum betätigt sich selbst als Ermittler. Das Verbrechen wird nicht nur voyeuristisch konsumiert, sondern man versucht aktiv an der Aufklärung teilzuhaben, wodurch ein riesiger Datenberg produziert wird, der oft nicht zielführend ist.«[2]

Ähnlich wie im Fall Petito verschwamm auch in der Geschichte des »Couch Guy« die kollektive Neugier über einen realen Fall mit einem erzählerischen Begehren, das durch populäre Fiktionen der Gegenwart vorgeprägt ist. Die Netzgemeinde machte aus McCoy den Schurken im Stil von *Gone Girl* oder *Girl on the Train*. In diesen Thrillern lauert hinter jeder Fassade bürgerlicher Stabilität das Potential für psychologische und physische Gewalt. Der liebevolle Ehemann oder die loyale Partnerin sind in Wirklichkeit pathologische Kontrollfreaks – verschwiegen, rachsüchtig und gefährlich. In einer solchen Erzählung wäre ein zögerliches Aufstehen, wenn die Freundin einen überrascht, oder die Stellung der Knie beim Sitzen tatsächlich ein Anzeichen dafür, dass etwas gewaltig nicht stimmt.

on the Internet. In: *Slate* vom 6. Dezember 2021 (slate.com/technology/2021/12/tiktok-couch-guy-internet-sleuths.html).

2 Berit Glanz, *Gabby Petito: Ein Mord, den jeder verfolgt*. In: *Die Presse* vom 7. November 2021.

Gaslighting

Dieses beliebte Erzählmuster trifft auf einen weitverbreiteten pop-psychologischen Diskurs, in dem Ferndiagnosen in digitalen Auseinandersetzungen wie eine Waffe geschwungen werden können. Ein populärer Vorwurf, den sich Menschen im Internet an den Kopf werfen, ist der des »Gaslighting«. Gemeint ist eine Form der geschickten Manipulation, die das Realitäts- und Selbstwertgefühl einer anderen Person so lange beschädigt, bis diese an ihrer eigenen Wahrnehmung zu zweifeln beginnt.

Wie bei den meisten pop-psychologischen Diskursen handelt es sich auch in diesem Fall um Versatzstücke einer etablierten psychologischen Theorie, die in der Tradition einer Analyse von Gewalt (insbesondere patriarchaler Gewalt) steht. Im Prozess der öffentlichen Aneignung wurde aus dieser Theorie ein Steinbruch für populäre narrative Muster. Der Täter in *Girl on the Train* etwa verkörpert einen typischen Gaslighter, der seine alkoholkranke Ex-Frau immer mehr in die Rolle der Täterin drängt.

Die Beliebtheit des Gaslighting-Diskurses in öffentlichen Auseinandersetzungen lässt sich dadurch erklären, dass der Vorwurf eine schmeichelhafte Selbsterzählung enthält. Nur eine psychologisch und sozial gewiefte Person ist in der Lage, die perfiden Techniken der Manipulation zu entlarven. Die User, die im »Couch Guy« auf der Grundlage einer extrem schmalen Empirie einen verborgenen Gewalttäter erkennen wollten, inszenierten sich als profunde Kenner der menschlichen Psyche. Es ist deshalb kaum verwunderlich, dass auch McCoy, als er sich in seinem Video gegen die Vorwürfe zur Wehr setzen wollte, Gaslighting vorgeworfen wurde. Und als seine Freundin schließlich mit einem eigenen Video zu seinen Gunsten intervenierte, wurde dieser Versuch zur Verteidigung ihres Freundes kurzerhand dessen Manipulationskünsten zugeschrieben.

Solche Begebenheiten entwickeln ihre eigentümliche virale Dynamik durch die Anschlussmöglichkeiten an verschiedene populäre Diskurse. Dazu gehört in diesem Fall auch ein erstaunlich konservativer Liebesdiskurs, der eine regelrechte Obsession mit dem Thema Betrug (»cheating«) zum Ausdruck bringt. Die forensische Energie wurde ja vor allem dadurch freigesetzt, dass McCoy mit mehreren Frauen auf einem Sofa saß und angeblich auf eine verdächtige Art sein Handy habe verschwinden lassen.

Ein anderer Fall, in dem ebenfalls detektivisches Begehren und die Empörung über die toxischen Aspekte der Dating-Kultur zu einem Ereignis kollektiver Kommunikation wurden, ereignete sich Anfang 2022. Dabei traf es einen Mann namens Caleb, der bei dem Einrichtungsunternehmen West Elm arbeitete und bald als »West Elm Caleb« den Status eines Memes erhielt.[3] Verschiedene Influencerinnen aus New York City hatten festgestellt, dass »West Elm Caleb«, den sie auf Dating-Apps kennengelernt hatten, sie gleichzeitig gedatet hatte, um anschließend schnell spur- und grußlos aus der Kommunikation zu verschwinden. Dieses »Ghosting« und die Tatsache, dass der Mann immer die gleichen Lügen und

3 Alle diese Fälle werden auf knowyourmeme.com gesammelt.

Strategien angewendet hatte, wurden als schwerer Verstoß gegen die Regeln der romantischen Kommunikation gewertet, als übergriffig und manipulativ.

Die Warnung vor dem Serien-Dater wurde schnell zu einem viralen Ereignis, das dann dazu führte, dass Personen gedoxxt und bedroht wurden. Der aufmerksamkeitsökonomische Erfolg der Suche nach »West Elm Caleb« führte schließlich dazu, dass Menschen auf TikTok jeweils den »West Elm Caleb« ihres Umfelds aufzuspüren versuchten. Gleichzeitig wurden Stimmen laut, die von Hexenjagd und »Cyberbullying« sprachen.

Main Character

Ereignisse wie diese werden schnell zum Gegenstand kulturkritischer Klagen, in denen das Internet als dunkler Ort erscheint, an dem Menschen arbiträr an den Pranger gestellt werden und unkontrollierten Shitstorms ausgesetzt sind. Diese Haltung ist, wie die Fälle zeigen, oft alles andere als unberechtigt, allerdings drohen Klagen dieser Art zuweilen auch zu verhindern, dass solche Ereignisse als repräsentative Momente der Gegenwartskultur ernst genommen werden.

Die geschilderten Episoden sind allesamt Beispiele für ein Phänomen, das sich in den sozialen Medien seit einigen Jahren unter dem Begriff »main character« geführt wird. Ein Beispiel: Im Januar 2021 etwa postete der Musiker John Roderick, der schnell als »Bean Dad« bekannt werden sollte, einen Thread auf Twitter, in dem er erzählte, wie er seine neunjährige Tochter sechs Stunden lang mit einer Dose Bohnen und einem Öffner alleingelassen habe, damit sie lernt, wie man eine Dose öffnet. Es sollte sich allem Anschein nach um eine amüsante Geschichte darüber handeln, was Kinder heute nicht mehr wissen und wie man es ihnen beibringt. Die Geschichte des »Bean Dad« wurde dann aber tausendfach als Beispiel für einen verachtenswerten Erziehungsstil geteilt.

Ein solches Ereignis kann sich über Tage und Wochen hinziehen und erzeugt eine Lawine an Meinungen und Urteilen, die sich alle auf den »main character« beziehen. Für die Betroffenen sind diese Ereignisse ausgesprochen unschön, oft traumatisch. Sie werden assoziiert mit Begriffen wie »shitstorm«, »pile on« oder »dunking«. Es sind diese Mechanismen, die im Mittelpunkt einer Diskussion über die digitale Kultur des »public shaming« stehen, wie sie Jon Ronson bereits 2015 analysiert hat.[4] Ronson schilderte damals unter anderem den inzwischen berühmten Fall der PR-Agentin Justine Sacco, die aufgrund eines rassistischen Witzes auf Twitter zu einer der meistgehassten Personen des Internets wurde und überdies ihren Job verlor.

Es ist naheliegend, dass mit »main character« ein quasi narratologischer Begriff in den Diskurs um die digitale Kommunikation eingeführt wurde. In gewisser Hinsicht lässt sich die kollektive Erzählung um den »Couch Guy« aber auch als Ausdruck dessen analysieren, was Aarthi Vadde als »amateur creativity« analysiert hat.[5] Die

4 Jon Ronson. *So You've Been Publicly Shamed*. London: Picador 2015 (*In Shitgewittern. Wie wir uns das Leben zur Hölle machen*. Aus dem Englischen von Johann Christoph Maass. Stuttgart: Klett-Cotta 2015).

5 Aarthi Vadde, *Amateur Creativity. Contemporary Literature and the Digital Publishing*

publizistische Infrastruktur des Internets hat eine riesige Welle an kreativer Energie freigesetzt, die von den in vordigitalen Zeiten etablierten Publikationsinstanzen nicht mehr kontrolliert und eingehegt werden kann. Dadurch verschwimmen zunehmend die Grenzen zwischen professionellem und nichtprofessionellem Schreiben, zugleich bilden sich neue, kollektive Formen des Erzählens aus, etwa Fan-Fiction, bei der populäre Erzähluniversen wie die *Harry-Potter*-Reihe oder *Herr der Ringe* fortgeschrieben werden.

Im Kontext dieser publizistischen Infrastruktur ist eine Kultur des kollektiven Erzählens entstanden, die folkloristische Züge trägt.[6] Dieses kollektive Erzählen lässt sich im Diskurs der Meme-Kultur verorten. Es handelt sich um »die vielleicht vitalste und demokratischste Form der Kultur, die wir derzeit erleben« – eine digitale Volkskultur, deren Ambivalenz einen Teil ihrer Vitalität ausmacht: »Sie zeigt die Chancen des digitalen Wandels, aber auch Abgründe, die sich öffnen, wenn Regeln und Konventionen im Entstehen sind.«[7]

Kontrollverlust

Wo sich der erzählerische Furor an existierenden Menschen vergreift, entstehen allerdings gravierende ethische Probleme. Diese Probleme sind natürlich nicht erst mit der entfesselten Digitalisierung aufgetreten. Sie haben eine lange kulturgeschichtliche Tradition in den narrativen Enteignungen des Schlüsselromans, in Phänomenen wie der unautorisierten Biografie oder im journalistischen Boulevard. Auch bei diesen meist unfreiwilligen Fremderzählungen handelt es sich für die Betroffenen um schmerzhafte, zuweilen ruinöse Eingriffe in ihr narratives Eigentumsrecht. Man verliert die Kontrolle über die eigene Geschichte, die von einer gierigen Öffentlichkeit als spannende Erzählung konsumiert wird – mit dem Ziel, unterhalten zu werden oder sich moralisch zu erheben.

Im entgrenzten Kommunikationsraum des Internets und unter den Bedingungen des kollektiven Erzählens in den sozialen Medien gewinnt diese narrative Enteignung allerdings in beispielloser Weise an Intensität und zugleich an Reichweite. Bedeutet das auch einen Zuwachs an Grausamkeit? Wie lässt sich erklären, dass Millionen von Menschen sich mit großer Lust an einer gemeinsamen Erzählung beteiligen, deren zerstörerische Folgen ihnen eigentlich klar sein müssten? Die Antwort auf diese Frage hat möglicherweise mit der eigentümlichen Entrealisierung zu tun, die ein Mensch erfährt, der zum Meme gemacht wird. Der memetische Überbietungsgestus beruht darauf, an ein erzählerisches Muster anzuschließen und dieses Muster kreativ zu erweitern. Das passiert teilweise anhand von Bildern realer Menschen, die allerdings im Prozess des kollektiven Erzählens immer mehr an Realität verlieren.

Auch im Fall des »Couch Guy« war ein Großteil des Diskurses parodistisch, eigentlich Meta-Diskurs, der das Ereignis als Spielmaterial nutzte, um sich an der

Scene. In: *New Literary History*, Nr. 48/1, Winter 2017.

6 Vgl. Whitney Phillips / Ryan M. Milner, *The Ambivalent Internet: Mischief, Oddity and Antagonism Online*. Cambridge: Polity Press 2017.

7 Dirk von Gehlen, *Meme*. Berlin: Wagenbach 2020.

digitalen Kommunikation zu beteiligen. Man findet unzählige Beispiele, in denen Menschen auf TikTok das ursprüngliche Video des Überraschungsbesuchs humoristisch nachstellen. In manchen dieser Szenarien findet die glücklose Freundin ihren Partner etwa in einer Situation des offensichtlichen Betrugs vor und ist trotzdem hocherfreut, ihn zu sehen. Die Ironie, die solche Fälle des kollektiven Erzählens durchwirkt, ist dermaßen allumfassend, dass man aus der Außenperspektive oft nicht mehr erkennen kann, wo die Ernsthaftigkeit eines Phänomens aufhört und das kommunikative Spiel beginnt.

Die Distanz, die der Humor herstellt, verstärkt noch einmal den Mechanismus der Entrealisierung. Die Betroffenen werden zu Figuren in einer kollektiven Komödie gemacht. Als »main character« sind sie frei verfügbare Karikaturen, daher auch die Tendenz zu abstrahierenden Spitznamen: Couch Guy, Bean Dad, West Elm Caleb. Die Distanz der meisten beteiligten Autorinnen und Autoren zu diesen Menschen lässt die Meme-Spender quasi fiktiv erscheinen und ermöglicht so, die Folgen dieses Umgangs mit ihnen auszublenden.

Für die Betroffenen ist es natürlich ein schwacher Trost, dass sie in den meisten Fällen vor allem Anlass für einen Prozess der Vergemeinschaftung im kollektiven Erzählen sind – oder Spielmaterial für humoristischen Meta-Diskurs. Die Entrealisierung bietet in diesem Fall keinen Schutz, sondern verstärkt und verdoppelt die Verletzung sogar. Die Parallelen zu Fällen, in denen Menschen in literarischen Texten wiedererkennbar verarbeitet werden, liegen auf der Hand. Man fühlt sich auf eine sehr spezifische und schmerzhafte Art gemeint und gleichzeitig nicht gemeint, weil die Verarbeitung immer auch die Rezeptionsanweisung enthält, das Vorbild einer Figur nur als Material der Ästhetisierung anzusehen, und die wenigsten Menschen sind gerne Material.

Unreal

Die mediale und soziale Voraussetzung für diesen Sonderstatus der Meme-Spender ist eine fragile digitale Epistemologie, in der ein Konstrukt der Virtualität dazu dienen kann, Verantwortung für die eigenen Äußerungen abzugeben. Katherine Cross führt in ihrem Aufsatz *Ethics for Cyborgs* diesen Umstand an, um die teilweise extrem gewaltvolle Belästigung vor allem von Frauen in der Gaming Community zu erklären. Nicht die Anonymität, wie üblicherweise angenommen, sondern die bequeme Möglichkeit, die Opfer solcher Zudringlichkeiten als semi-fiktive Figuren zu verstehen, sei die Hauptursache dafür, dass Aggressionsimpulsen in diesem Umfeld so bereitwillig nachgegeben werde.

Es ist eben *nur* das Internet, Dinge die hier geschehen, sind weniger real: »The culture becomes real when it is convenient, and unreal when it is not; real enough to hurt people in, unreal enough to justify doing so.«[8] Dieser Befund lässt sich auf den gesamten Bereich der digitalen Öffentlichkeit übertragen. Die Entrealisierung von Personen, die zum Gegenstand des kollektiven Erzählens werden, beruht auf der Vorstellung, dass der virtuel-

8 Katherine Cross, *Ethics for Cyborgs. On Real Harassment in an »Unreal« Place*. In: *Loading … The Journal of the Canadian Game Studies Association*, Nr. 8/13, 2014.

le Raum ein Raum der Verantwortungslosigkeit ist. Diese Vorstellung ist nicht nur destruktiv, sondern auch die Grundlage für kreative Freiheit oder für Spielereien mit Identitäten. Im Fall von kollektiven Fremderzählungen wird virtuelle Verantwortungslosigkeit allerdings zum Problem.

Prominente, die zu Memes werden, sind an diese Art der Fremderzählung gewöhnt, andere bekommen es gar nicht mit oder reagieren mit ironischem Stolz. Man kann allerdings nicht davon ausgehen, dass das den Normalfall darstellt. 2005 beispielsweise begann das Video des »Unreal Tournament Kid« oder »Angry German Kid« im Internet zu kursieren. Darin sah man einen Jugendlichen, der allem Anschein nach vor dem Heimcomputer durchdrehte, weil er davon abgehalten wurde, das Videospiel *Unreal Tournament* zu spielen.

Der Junge geriet dermaßen in Rage, dass er am Ende schreiend die Tastatur zertrümmerte. Das »Unreal Tournament Kid« wurde schnell zur Zielscheibe allgemeinen Spotts und dann zum Gegenstand der memetischen Kreativität. Das lag vor allem daran, dass die meisten Zuschauerinnen davon ausgingen, es handele sich um eine dokumentarische Aufnahme. Tatsächlich war das Video aber gestellt und als Parodie auf eine bestimmte Form von Gamer-Raserei gemeint.

Schließlich tauchte es nach dem Amoklauf von Emsdetten 2006 in der Fernsehsendung *Focus TV* in einem alarmistischen Beitrag über die Gefahren von Videospielen auf, wobei ausdrücklich behauptet wurde, es sei vom Vater des Jungen heimlich gefilmt worden. Durch diesen eklatanten Verstoß gegen die journalistische Ethik wurde das »Unreal Tournament Kid« dann endgültig zu einem viralen Meme. Die Folge waren realweltliches Mobbing und psychische Qualen für den Betroffenen, der zu diesem Zeitpunkt erst vierzehn Jahre alt war.

Der Fall ist damit auch ein frühes Beispiel für die Probleme, die entstehen können, wenn sich etablierte Medien mit memetischen Ereignissen beschäftigen. Was *Focus TV* angeht, handelt es sich natürlich um eine besonders groteske Form des Versagens, die aber bezeichnend ist für den Zynismus und die Indifferenz, mit denen die vordigitale Medienlandschaft auf genuine Internetphänomene reagiert.

Was den »Couch Guy« besonders erbittert, ist die Tatsache, dass klassische Medien – vor allem Boulevardmedien – sich irgendwann an dem erzählerischen Spiel um seinen angeblichen Betrug beteiligten. Spezialistinnen für Körpersprache seien engagiert worden, um das Video zu analysieren. Auch hier gipfelt das Bedrohungsszenario in einem Moment, in dem der Fall das konkrete physische Leben erreicht: Ein Nachbar habe ihm einen Zettel unter der Tür durchgeschoben und um ein Interview gebeten.

Wo Menschen zu scheinbar fiktionalen Memes werden, bleibt immer ein Restbestand an Realität, auf den dieses Erzählen ja auch angewiesen ist, um seine Energie nicht zu verlieren. Um dem eigenen Engagement die angemessene Fallhöhe zu verschaffen, muss das *crime*, das gemeinsam erzählt wird, offenbar *true* sein. Wir wissen, dass diese Personen und ihr Schicksal real sind, und daraus speist sich unser Interesse, auch wenn wir sie wie eine fiktive Figur behandeln.

Viralität scheint sich mit reiner Fiktionalität nicht gut zu vertragen. Zumindest gibt es eine Tendenz bei weitverbreiteten fiktionalen Erzählungen, dass einzelne Aspekte immer wieder mit faktualen Lesarten konfrontiert werden. Das weiß jede Autorin eines erfolgreichen Romans, die mit Fragen, was wirklich passiert sei, konfrontiert wird oder mit dem Versuch, ihr Privatleben in den Geschichten wiederzufinden. Vor diesem Hintergrund könnte man die Ereignisse um den »Couch Guy« als Ausdruck eines Hungers nach realen Geschichten lesen, die im Modus der Fiktionalität konsumiert werden können – als eine Form der Aneignung und Adaption, die die Tendenz hat, aus dem Ruder zu laufen. Sie wird verstärkt durch die technische Potenzierung der algorithmusgestützen Aufmerksamkeitsökonomie digitaler Plattformen.

Das alles ist allerdings kein Grund, in kulturkritische Panik zu verfallen. Das kollektive Erzählen ist Ausdruck einer faszinierenden narrativen Energie, die – vor allem, weil sie neu ist – einem problematischen Regeldefizit unterliegt. Disziplinieren lässt diese Kreativität sich allerdings nur, wenn man sie als kulturelles Phänomen wirklich ernst nimmt.

Von der Hegemonie des Hochdeutschen, Sprachvarietäten und Klasse

Von Michaela Maria Müller

Dialekte gab es immer, aber erst in der jüngeren Sprachgeschichte, seit Ende des 19. Jahrhunderts, begann man im deutschsprachigen Raum mit ihrer Bewertung. Es verbreitete sich der Glaube, in Norddeutschland, besonders um die Gegend von Hannover, werde das »bessere« Deutsch, das Hochdeutsche, gesprochen.

Die Friedensnobelpreisträgerin Bertha von Suttner zum Beispiel schrieb in ihren Erinnerungen: »Was mir an den Norddeutschen besonders wohlgefiel, war die Sprache […], weil sie mir, im Vergleich mit der in Österreich üblichen Redeweise, ein höheres Bildungsniveau zu bekunden schien; oder vielmehr, nicht nur schien, sondern in der Tat bekundete […] Wenn man Menschenwert nach der Bildungsstufe misst – und welchen richtigeren Maßstab gäbe es wohl als diesen?, so ist der Norddeutsche um ein Stückchen mehr Mensch als der Süddeutsche.«[1]

Wo ich herkomme, aus dem Süddeutschen nämlich, sagt man »arwan« und »dorat«, und jemand ist nicht geizig, sondern hat den »Ruach im Gnack«, was man sich so vorstellen kann, dass einer Person der Geiz wie ein Kobold auf der Schulter sitzt und ihr Dinge ins Ohr flüstert. Im Hochdeutschen beschreibt ein einziges Wort einen Wesenszug, im Dialekt ist es ein Bild. Ich mag es. Für mich ist mein Dialekt ein Erfahrungs- und Erinnerungsraum, den das Hochdeutsche nicht erreicht, er öffnet mir emotionale Räume.

1 Werner König, *Wir können alles. Außer Hochdeutsch. Genialer Werbespruch oder Eigentor des Südens? Zum Diskriminierungspotential dieses Slogans.* In: Leibniz Institut für Deutsche Sprache (Hrsg.), *Sprachreport*, Nr. 4, 2013.

Ich war vier oder fünf, als ich zum ersten Mal darauf aufmerksam gemacht wurde, dass es zwischen meinem Dialekt und dem Hochdeutschen einen nicht nur feinen Unterschied gab. Ich hatte gelernt, dass man Gäste, Großeltern und entferntere Tanten und Onkel mit »Grias di« begrüßte und mit »Pfiat di« verabschiedete. Eines Tages kam der Bürgermeister aus der Stadt zu Besuch. Als ich ihn begrüßt hatte, nahmen meine Eltern mich zur Seite und erklärten mir, dass »Grias di« und »Pfiat di« bedeuteten, dass man jemanden duze, das stecke im »di«. Den Bürgermeister müsse man aber mit »Guten Tag« begrüßen und mit »Auf Wiedersehen« verabschieden. Also begrüßte ich ihn ein zweites Mal. Es fühlte sich seltsam an, die Worte schienen nicht zu mir zu gehören.

Außer dem Pfarrer gab es in unserem Dorf keine Berührungspunkte mit dem Hochdeutschen. Anders als in der Stadt. Wenn ich dort mit meinen Eltern unterwegs war, begegnete es uns beim Arzt, auf Behörden oder später am Elternsprechtag oder auf dem Elternabend. Wer es sprach, war mit einer Autorität ausgestattet, die meine Eltern automatisch zu akzeptieren schienen. Sie traten anders auf, waren angespannt, wenn sie sich mit jemandem unterhielten, der Hochdeutsch sprach.

Dialekt und Mehrsprachigkeit in Bildungsinstitutionen

Ich wurde Anfang der 1980er Jahre eingeschult. Eines Tages, in der ersten oder zweiten Klasse, wollte meine Banknachbarin von mir wissen, warum ich keinen Dialekt mehr spräche. Ich hatte keine Antwort, ich hatte es nicht einmal gemerkt. Aber es markierte fortan einen Unterschied zwischen uns. Erst später fiel mir auf, dass keine Lehrkraft Dialekt sprach. Sie hatten ausdrücklich Sprachvorbilder zu sein. Seit den 1960er Jahren bedeutete das, dass sie Hochdeutsch mit den Schülerinnen und Schülern sprechen sollten.

Der Grund dafür waren die Untersuchungen und Erkenntnisse des englischen Soziolinguisten Basil Bernstein. Im britischen Sprachraum, besagt seine Defizithypothese, bestehe zwischen Dialektsprechen, Intelligenz und Zugehörigkeit zur Unterschicht ein Zusammenhang. Wer mehr Verben, Adjektive oder Pronomina verwendet und mehr Nebensätze bildet, spricht einen »elaborierten Code«; wer weniger Verben, Adjektive oder Pronomina verwendet und kürzere Sätze formt, einen »restringierten Code«.

In westdeutschen Bildungsinstitutionen wurden Bernsteins Annahmen übernommen.[2] Wer Dialekt sprach oder eine andere Muttersprache als das Deutsche hatte (in den achtziger und neunziger Jahren waren das in den von mir besuchten Schulen Türkisch, Griechisch, Italienisch, Serbisch, Kroatisch und Bosnisch), wurde nun der Unterschicht zugerechnet, dem wurden schlechtere Entwicklungschancen zugeschrieben und geringere kognitive Fähigkeiten unterstellt. Da es aber das Ziel war, Bildungsgerechtigkeit herzustellen, war das Ausmerzen einer anderen Sprachfärbung als des Hochdeutschen

2 Vgl. Basil Bernstein, *Soziale Struktur, Sozialisation und Sprachverhalten. Aufsätze 1958–1970*. Amsterdam: de Munter 1970; ders., *Studien zur sprachlichen Sozialisation*. Düsseldorf: Schwann 1972; B:e Redaktion (Hrsg.), *Familienerziehung, Sozialschicht, Schulerfolg*. Weinheim: Beltz 1971.

ein Kollateralschaden. Heute gilt die Defizithypothese wegen der damit verbundenen Vorstellung eines sprachlichen Determinismus als sehr problematisch. Damals aber prägten diese Ansichten den pädagogischen Diskurs.

Mir zeigte der Grammatikunterricht auf, dass ich vom Ziel noch entfernt war. Ich lernte den Genitiv im Hochdeutschen, der sich von dem des Bayerischen unterschied. Es hieß nicht »am Vatta sei Auto«, sondern »das Auto des Vaters«. Ich duckte mich im Unterricht beim Deklinieren weg, weil ich regelmäßig Dativ und Akkusativ verwechselte. Ich wollte nicht wie andere, die den Dialekt beibehalten hatten, im Unterricht korrigiert und dazu angehalten werden, es »besser« und »richtig« zu sagen, und versuchte, es mir zuhause am Küchentisch einzuprägen: »Wem oder was?«, »Wen oder was?« Ich hatte etwas aufzuholen, was andere bereits selbstverständlich mitbrachten.

Auch die Bildung des Konjunktivs unterschied sich. Aus »I hätt gern zoid« musste ein »Ich würde gern bezahlen« werden. Meinem Vater wäre dieser Satz nie über die Lippen gekommen. Wenn wir zu besonderen Anlässen in einen Vorort der Stadt zum Essen gingen, dann hob er am Ende etwas steif die Hand und sagte auf Hochdeutsch: »Zahlen, bitte!« Der Dialekt gehörte für ihn nicht hierher und zugleich das Hochdeutsche nicht zu ihm.

Nachdem ich in den ersten Klassen die Sprachbarriere genommen hatte, konnte ich bald nicht mehr sprechen wie zuvor. Die Trennung von Dialekt und Hochdeutsch öffnete zwei Räume für mich, in denen ein unterschiedlicher Habitus galt: der vertraute Raum in der Familie und im Dorf (Dialekt) und der andere in der Schule (Hochdeutsch). Ich wurde unsicher und zog mich zurück. Welches Wort machte, dass ich dazugehörte, welches, dass ich ausgeschlossen war? Dass es nicht eine Frage nach der Sprache oder der Sprachfärbung, sondern des damit verbundenen Habitus war, wurde mir erst später klar.

Die pädagogischen Lehrbücher von damals lesen sich heute wie eine Anleitung zu dem, was ich erlebt hatte. In einem erstmals 1968 und 1976 bereits in fünfter Auflage erschienenen Sammelband wird eine Versuchsanordnung beschrieben, durch die gezeigt werden sollte, dass sich Schichtzugehörigkeit auf die Sprachentwicklung auswirkt. An der Marburger Universität wurden Mädchen im Alter von zehn Jahren bei einem zehnminütigen Gespräch mit einem Versuchsleiter Bilder vorgelegt. Zehn Mädchen stammten aus der Mittelschicht (Herkunft aus Akademikerfamilien, abgekürzt »MS«) und zehn Mädchen aus der Unterschicht (Herkunft aus Arbeiterfamilien, abgekürzt »US«); alle hatten einen Intelligenzquotienten zwischen 109 und 119. Festgehalten wurde, dass Mädchen aus den Akademikerfamilien durchschnittlich 651 Wörter sprachen, die aus Arbeiterfamilien nur 438. Nach Bernsteins Defizithypothese wurde ebenfalls gezählt, wer wie viele Verben, Adjektive und Pronomina verwendete.

Nebenbei flossen auch das Auftreten und der Habitus in die Bewertung mit ein. Die Mädchen aus den Akademikerfamilien kamen selbstbewusst mit ausgestreckter Hand auf den Versuchsleiter zu, wurde vermerkt, und sie hätten sich ihrer Aufgabe so gut wie ohne Aufforderung zugewandt. Die Mädchen aus den Arbeiterfamilien hingegen, so hieß es, brauchten

»mehr Anstöße, um die vorhergesehene Gesprächsdauer zu erreichen«, sie zeigten mehr »Scheu und Zögern«.[3] Es wurde nicht gefragt, warum die Mädchen aus den Arbeiterfamilien gehemmt und zurückgenommen waren. Vielleicht lag es am Auftreten des Versuchsleiters, vielleicht sprachen die Mädchen aus den Arbeiterfamilien Marburger Platt. Macht, Herrschaft und Habitus wurden ohne weitere Reflexion als voraussetzungslose Fakten behandelt.

Die problematischen Annahmen gingen noch weiter. Anhand einer Untersuchungsreihe, in die fünftausend schottische Kinder einbezogen wurden, sollte gezeigt werden, dass die Familiengröße Auswirkungen auf den Intelligenzquotienten hat. Eine der »Schlussfolgerungen lautet, dass die Umwelt, wie sie in einer großen Familie geboten wird, die sprachliche Entwicklung behindert und dass diese sprachliche Behinderung die allgemeine geistige Entwicklung nachteilig beeinflusst«.[4] Auch das ein bemerkenswerter Schluss, an den sich die einfache Frage anschließt, ob es nicht eigentlich plausibler wäre anzunehmen, dass in der klassischen Kernfamilie, der Vater-Mutter-Kind-Konstellation, weniger gesprochen wird als in einer großen Familie.

Der Sprachwissenschaftler Werner König stellt fest, dass es sich hierbei um sprachliche Diskriminierung handle, die endlich pädagogisch, politisch und in der universitären Forschungsarbeit ins Auge gefasst werden sollte, »weil Vorurteile und Minderwertigkeitsgefühle früh entstehen und später nur noch schwer aus Köpfen zu entfernen sind«.

Auch die Schriftstellerin Olga Grjasnowa spricht in ihrem Essay *Die Macht der Mehrsprachigkeit* von »Linguizismus«, »einer spezifischen Form des Rassismus, bei der Menschen, die eine bestimmte Sprache oder einen bestimmten Dialekt sprechen, diskriminiert werden«.[5] Ganz anders etwa in Norwegen. Dort werden alle Dialekte als gleichwertig betrachtet. Schüler und Schülerinnen werden nicht korrigiert oder darauf hingewiesen, Worte zu wiederholen und »richtig« zu sagen. Und dabei handelt es sich um keine Empfehlung, es ist seit 1878 Gesetz.

Doch Einsprachigkeit gilt im oftmals multilingualen Schulalltag heute immer noch als gesetzt. Anstatt einen individuellen Zugang der Kinder zur deutschen Schulsprache zu fördern, wirken die beschriebenen Annahmen weiter wie eine Wand aus unüberwindbarem Klassismus, Rassismus und Diskriminierung. Gezielte Sprachförderung für mehrsprachige Kinder gab es Mitte der neunziger Jahre an der Schule in der hessischen Provinz, die Olga Grjasnowa besuchte, noch immer nicht. Sprachförderung schien darin zu bestehen, sie zwei Klassen tiefer zu stufen und ihr einen Karteikasten mit 150 Begriffen mit nach Hause zu geben, mit dem sie Deutsch lernte. Mit ihren mehrsprachigen

3 Peter Martin Roeder, *Sprache, Sozialstatus und Schulerfolg*. In: Otto Friedrich Bollnow (Hrsg.), *Sprache und Erziehung. Bericht über die Arbeitstagung der Deutschen Gesellschaft für Erziehungswissenschaft vom 7. bis 10. April in Göttingen*. Weinheim: Beltz 1968.

4 Bernstein, *Soziale Struktur, Sozialisation und Sprachverhalten*.

5 Olga Grjasnowa, *Die Macht der Mehrsprachigkeit. Über Herkunft und Vielfalt*. Berlin: Dudenverlag 2021.

Mitschülerinnen und Mitschülern kommunizierte sie derweil auf Englisch. »Ich wünsche es niemandem sonst«, schreibt sie rückblickend.

Distinktion durch Sprache

Nur Norddeutsch gilt derzeit als »reines Hochdeutsch«. Durch die Abwertung des Dialekts oder bestimmter anderer Muttersprachen wird eine Sprachbarriere geschaffen, die der Dialektsprechende erst überwinden muss, das gilt später auch im beruflichen Kontext.[6] Er ist zunächst ausgeschlossen, muss aufholen, bevor er mitreden kann, denn es fehlt die distinktive Sprache als symbolisches Kapital. Für die einen ist es selbstverständlich qua Geburt, für andere mit Sprachvarietät und nichtdeutscher Herkunftssprache muss das Vermögen, Hochdeutsch zu sprechen, erst zu Kulturkapital verinnerlicht werden. Dabei spielt auch der Faktor Zeit eine Rolle. Weil Sprecherinnen und Sprecher des Hochdeutschen keine Zeit auf dessen Erlernen verwenden müssen, gewinnen sie einen Vorsprung und können diese Zeit anders investieren.

Pierre Bourdieu beschreibt in *Die feinen Unterschiede* (1979) die »bürgerliche Befragungssituation«, die mit der Versuchsanordnung an der Marburger Universität im weiteren Sinn vergleichbar ist. Über Kunst oder Literatur wird gesetzt, selbstsicher, in maßvoller und souveräner Gestik gesprochen: »Der in bürgerlichen Verhältnissen Aufgewachsene zeichnet sich nicht zuletzt durch seinen versierten Umgang mit der Befragungssituation aus. Die Beherrschung der sozialen Situation, die in der Bildung funktional eingesetzt wird, erwächst ihm vor allem aus der – ungleich verteilten – Fähigkeit, jenen Bezug zur Sprache herzustellen, der in gesellschaftlicher Konversation gefragt ist.« Sprache, Macht, Herrschaft und Distinktion sind ineinander verschränkt.

Dialekt und Scham

Die Lyrikerin und Übersetzerin Lea Schneider schreibt in ihrem Essay *Scham*: »Momente der Beschämung sind Momente des Verstummens; Momente, in denen die Sprache abbricht.«[7] Im Alter von vier oder fünf Jahren kannte ich Dialektscham noch nicht, sie stellte sich erst später ein. Mal schämte ich mich für meinen Dialekt, mal für meine Fähigkeit, Hochdeutsch zu sprechen, das in der Familie nicht existierte. Ich hatte zwei Möglichkeiten, mich auszudrücken. Wo ich war, nahm die eine der anderen die Luft. Ich lebte in einem Sprachvakuum, wurde immer stiller und zog mich zurück. »Wenn du nicht sprechen kannst, wenn du nicht von dir sprechen kannst, ist nicht nur deine diskursive Existenz von Gewalt bedroht, sondern dein *Körper* – dein unmittelbares Überleben. Das ist es, was Audre Lorde meint, wenn sie schreibt: »›Poetry ist not a luxury‹ – Lyrik ist selbstbestimmtes Sprechen, offenes Sprechen, suchendes Sprechen, verletzbares Sprechen, und als solches ist sie kein Luxus, sondern überlebensnotwendig«, so Lea Schneider.

6 Lektoren und Lektorinnen, die einen Dialekt oder Sprachfärbung aufweisen, seien an ausländischen Universitäten etwa wenig willkommen, so Werner König.

7 Lea Schneider, *Scham*. Verlagshaus Berlin 2021.

Scham, Sprache und ihre Überwindung spielen auch in Olga Grjasnowas Essay eine Rolle: In Moskau bot sie einem Deutschen, der in unverständlichem Englisch Karten an der Kasse des Bolschoi-Theaters verlangte, ihre Hilfe an: »Er [...] bekam seine Karte und erklärte mir mit einer beeindruckenden Portion Herablassung, ich würde zwar mit einem Akzent Deutsch sprechen, aber immerhin gar nicht so schlecht. Danach schämte ich mich nie wieder.«

Schreiben und Dialekt

Aufgrund meiner Herkunft und meines Dialekts habe ich ein alles andere als selbstverständliches Verhältnis zu Sprache. Ich klopfe die Wörter wieder und wieder ab, bis sie ihren Platz gefunden haben oder auch nicht. Im Zweifel siegt die Vorsicht, das Nichtsagen, das Streichen im Schreibprozess. Schreiben sei ein »riskantes Geschäft«, so Lea Schneider, und Autoren seien darum Experten für Scham. Als Dialektsprecherin war ich die Scham seit der Schulzeit schon gewohnt. Aber es war ein Glücksfall, dass auf das Schweigen und Verstummen der Schritt des Schreibens folgte. Andere haben dieses Glück nicht.

Der Zusammenhang von Sprache, Herkunft und Schreiben beschäftigt auch die Autorinnen Heike Geißler und Peggy Mädler in dem Projekt »Check your Habitus«: »Ich sitze vor einem Text und bekomme es plötzlich mit der Angst zu tun. Sind meine Gedanken zu banal? Ist mein Stil zu einfach, zu wenig kunstvoll, verrät er meine Herkunft? Blamiere ich mich etwa mit dem Text? Ich versuche mir vorzustellen, wie er in den Ohren der anderen klingt. Als gäbe es so etwas wie DIE Ohren DER anderen«, so Mädler. Und Heike Geißler sagt: »Fast alles, was ich tue, betrachte ich aus allen mir vorstellbaren Perspektiven und versuche, es den imaginären Rezipient*innen recht zu machen, um zu zeigen, dass ich beherrsche, was ich tue. Zugleich widersetze ich mich dieser Methode, verstoße sie, bin enttäuscht von ihr und irritiert, wie stark der Drang, es allen recht zu machen, immer noch ist. Der Dialog der unterschiedlichen Arbeitsweisen bildet sich auch in meinen Texten ab. Er ist produktiv, aber ungeheuer ermüdend.«[8]

Neue, folklore- und diskriminierungsfreie Dialekträume

Den Dialekt von der eingangs erwähnten Folklore zu befreien, hat die Hip-Hop-Band Dicht & Ergreifend geschafft, wenngleich sie es sicherlich nicht als emanzipatorischen Akt, sondern als künstlerische Entscheidung verstanden hat, im bayerischen Dialekt zu texten und aufzutreten. George Urkwell (Michael Huber) und Lef Dutti (Fabian Frischmann) stammen aus Niederbayern und leben in Berlin. 2015 veröffentlichten sie das Album *Dampf der Giganten*, 2018 *Ghetto mi nix o*. Es werden gesellschaftspolitische Themen wie der Umgang mit Geflüchteten, prekäre Arbeitsbedingungen oder der Klimawandel verhandelt. Der Song *Nein to Five* thematisiert ihre Kritik am Kapitalismus und beschreibt eine Haltung der Verweigerung und Provokation: »Iah kennt's mi ned kündigen, iah miassds mi vakaffa /

8 Daniela Dröscher/Paula Fürstenberg (Hrsg.), *check your habitus*. Berlin: sukultur 2021.

Des is am Sklavenmarkt ja damois scho' ollawei so g'laffa / Minimum ist maximal der Mindestlohn / Eiah Bauch ist voll mid Rinderbrod'n.«[9]

Heute spreche ich auch mit fremden Menschen wieder Dialekt. Vor drei Jahren habe ich ihn während eines Stipendiums in Meran wiedergefunden. Zunächst war ich Zuhörerin und hörte mich – im wahrsten Sinne des Wortes – in diesen Sprachraum hinein: eine Mischung aus Italienisch, Deutsch und Südtiroler Dialekt, von dem ich viel aus dem bayerischen Dialekt wiedererkannte. Dann entschied ich mich, es zu versuchen. Es war, wie einen Schalter umzulegen. Ich hatte gleich das Gefühl, dazuzugehören.

9 www.youtube.com/watch?v=Y9DUuG8rQcw

Die Sache mit den Postkarten

Eine moralische Geschichte

Von Susanne Neuffer

Sie hat es mir erzählt, als schon nichts mehr zu reparieren war, in dem Eiscafé, das wegen der Hygiene dauernd durchgelüftet wurde, der Wind fuhr vom Hinterhof zur Straßenseite und zurück, man fragte sich, wieso man in dieser Jahreszeit noch Eis essen sollte.

Ich nenne sie Smeralda, so heißt sie nicht, aber es ist ein Vorname mit acht Buchstaben, und darauf kommt es an.

Sie war mit Urban im Urlaub gewesen und hatte ihm am siebzehnten Tag ebenso fasziniert wie gelangweilt zugesehen, wie er Postkarten schrieb, alle Postkarten dieser Reise an alle üblichen Empfänger.

»Er schreibt immer nach zwei Dritteln der Zeit«, sagte Smeralda, »dann, wenn er sich erholt hat, und dann schreibt er immer alle auf einmal, auch wenn wir gar nicht mehr da sind, wo er die ersten Postkarten gekauft hat.«

Postkarten sind ein seltenes Gut geworden, eher eine Art ironisches Geschenk, das aus der Zeit gefallen ist wie vieles andere, auch die Wendung »aus der Zeit gefallen« wird wohl bald diesen Weg gehen. Ich habe noch nie eine Postkarte von Urban und Smeralda bekommen, nur immer von Smeralda ein lustiges abenteuerliches Foto als Mailanhang mit einem scherzhaften Text, der sehr darauf achtet, keinen Neid zu erregen, sondern die Mühen und Herausforderungen des Reisens zu betonen.

Urban also hatte einen Stapel Karten vor sich gehabt, außerdem einen Haufen vorsorglich mitgebrachter Umschläge und die riesigen bunten Briefmarken des Landes, die so teuer wie Gold waren, weil das Land den Leuten die Benutzung der wenigen kleinen roten Briefkästen abgewöhnen will.

»Ist doch nett«, sagte ich und sah zu, wie der Wind vor der Glastür blassblaue Masken vor sich her trieb. Mir war schon klar, dass wir uns am Beginn eines Geständnisses befanden und dass sich gleich ein mitteltiefer Abgrund öffnen würde. Smeralda war dann also, damit Urban seine Post in Ruhe erledigen konnte, im Nationalpark, der sich hinter dem Ferienhaus öffnete, spazieren gegangen. Sie war auf dem Weg geblieben, hatte vorsichtig nach rechts und links geschaut, um keines der versprochenen Wildtiere zu übersehen, war dann, weil sich weder Bär noch Luchs hatten blicken lassen, erleichtert in die Siedlung zurückgekehrt, hatte beim Lebensmittelhändler einen Kakao getrunken und gegen den üblichen Kaufrausch gekämpft, der sich in kleinen Läden am Ende der Welt einzustellen pflegt.

»Ach, er hatte wirklich alles«, sagte Smeralda sehnsüchtig, »geschnitzte Brotkörbe und zwanzig Sorten Lakritz und Wolle, einfach alles.« Sie hatte zwei Sorten Lakritz gekauft und war zu Urban zurückgekehrt, der bereits mit dem Beschriften der Umschläge angefangen hatte.

»Wieso eigentlich Umschläge?«, fragte ich. »Er schreibt die Postkarten immer ganz voll«, sagte Smeralda, »damit es sich lohnt, die ganze Arbeit und so.« Etwa zwei Drittel der Postkarten schob Urban zu ihr hin, als sie sich an den Tisch setzte.

»Unterschreibst du bitte?«, sagte er. Sie suchte einen Platz zum Unterschreiben, da waren nur noch winzige Ecken frei, teilweise nur unten rechts, so dass sie mit ihrem Namen den Rand würde hochklettern müssen. Sie war gewohnt, einmal im Jahr Urlaubskarten blind zu unterschreiben.

Was nun geschah, war irrational, entstand aus einer Laune heraus, so wie sie als Kind manchmal Sachen ihrer Eltern versteckt oder eine grellfarbige Lüge in die Welt gesetzt hatte. Sie unterschrieb, klein und wenig leserlich, mit »Marianne«, die nächste Karte mit »Annedore«, suchte nach weiteren Namen mit acht Buchstaben, fand »Josefine« und »Karlotta«, ließ noch zweimal »Marianne« unterschreiben, fand »Kristina« hübsch, kehrte noch einmal zu »Josefine« zurück, riskierte ein flottes »Kimberly«, reichte die fertigen Karten Urban hinüber, sah, wie er sie eintütete, bemühte sich, nicht auf Anrede oder Anschrift zu schauen, bekam Herzklopfen, wenn er die Karte noch einmal prüfend in der Hand hielt, schrieb weiter, hatte Lust, »Ottilie« zu schreiben, obwohl das nur sieben Buchstaben waren, aber es war ja auch so schon gut gegangen, also ließ sie noch das eine oder andere Phantom mitreisen und unterschreiben.

Ich fand die Idee so verrückt wie komisch, auch ein bisschen unlogisch, denn vielleicht hatte Urban Smeralda doch vorher im Text erwähnt. »Nein«, sagte sie, »er schreibt immer viel von Landschaften und vom Wetter und immer *wir*, ich habe allerdings auch nicht darüber nachgedacht, ich habe gar nichts gedacht, ich hatte so ein Gefühl wie als Kind, wenn ich mich als Clown verkleidet hatte und mich unangreifbar fühlte, geschminkt und breit grinsend.«

»Clowns grinsen nicht«, dachte ich, sagte es aber nicht.

Ich bekam die Geschichte nicht mehr aus dem Kopf, auch nicht, als ich am Abend wieder in meiner Wohnung war, der Rollstuhl schlief im Flur, ich hatte mir ein Bier aus dem Kühlschrank geholt – das kann ich schon noch, in meiner eigenen Wohnung, wo die Abstände nicht so groß sind, ich darf nur nicht fallen, aber wer darf das schon. Ich kann eben auch nicht in irgendwelchen Nationalparks herumlaufen, aber ich möchte auch nicht in einem Nationalpark herumgeschoben werden, nicht einmal von Smeralda, aber davon kann ja auch keine Rede sein.

Es sieht so aus, als hätte sich Smeralda mit ihrem schrägen Einfall selbst eine Art Schicksal verpasst, denn bisher konnte man bei ihr nicht von Schicksal reden, sie lebte einfach wohlgeordnet vor sich hin, Studium, langsames, ruckloses Hochsteigen in der Stadtverwaltung, ein unkomplizierter Sohn, leicht verspätetes Glück mit Urban. Mit mir hätte sie sich nur zunehmende Sorgen eingehandelt, vor allem seit meine Muskeln begonnen haben, mich im Stich zu lassen. Nun spielte ich die Best-friend-ever-Rolle und ließ mich von den Filmbildern heimsuchen, die sie mir in den Kopf gesetzt hatte.

Smeralda hatte das, was sie da ein paar Wochen zuvor mit Urbans Postkarten gemacht hatte, wohl beinahe wieder vergessen, beinahe nur, denn es lagerte am Grunde ihrer Seele ein Restchen schlechtes Gewissen, das sich – wie in Kindertagen – leicht aktivieren, aber auch immer wieder wegdrücken ließ.

Und so kam es dann: Urban wunderte sich nach einiger Zeit, dass keine Reaktionen auf seinen gewaltigen Postausgang kamen, keine Anrufe, keine Mails, in denen sich jemand für die Urlaubsgrüße (und es waren in manchen Fällen die einzigen Grüße im Verlauf eines Jahres) bedankte. Nun ja, die Post brauchte ja auch lange aus diesem Land. Doch dann gab es leichte Wirkungen zu spüren, allmählich stellte sich eine Art Herumschweigen am Telefon ein, Urban meinte, die Leute müssten daran erinnert werden, dass sie Urlaubspost bekommen hätten.

Ich sah es wie einen Film vor mir, Smeralda, wie sie langsam begreift, was die Wirkung ist: totale Verwirrung, und dass es schon ziemlich spät ist, um die Situation Urban gegenüber zu klären. »Alles in Ordnung bei euch?«, fragen Freunde, und Urban bestätigt ahnungslos, dass alles in Ordnung ist und dass der Urlaub sehr schön war. Irgendwann fragt ihn auch sein Chef, der offenbar auch Post bekommen hat, ob alles in Ordnung sei. Urban fragt sich und Smeralda, was der Alte (der ein Junger ist mit geschärften Social Skills) wohl meinen könnte.

Dann fährt Urban kurz auf einen Baustoffkongress, wo es um die neue Art des Wohnens geht, Tiny Houses, die raffiniert wie Waben aneinandergeklebt werden, platzsparend und doch abgegrenzt, er hat sich das im Norden angesehen und will das aufgreifen, zusammen mit der Efeu-Frage. Die beschäftigt ihn schon lange: Die Wawasi, sagt er, haben eine ganz tolle Efeu-Technik entwickelt, und wenn man bedenkt, wie Efeu wuchert und wie sinnlos die Pflanze bekämpft wird … Ein idealer Werkstoff, könnte man einfach so abernten. Smeralda hat wieder vergessen, wo die Wawasi sind, aber es ist gut, wieder zuhause zu sein und in den normalen Alltag einzutauchen, vor allem, wenn dieser Alltag für ein paar Tage darin besteht, dass Urban auf einer Tagung ist und sie nachdenken kann, ob ihr Spiel mit der Realität korrigierbar ist.

Ich dachte mir, dass diese Dummheit, dieser Streich – oder was ist es – genau zu ihr passte: eine andere sein, anders heißen, schauen, was passiert.

Sie hatte damals in der Eisdiele immer wieder, während sie das Schokoladeneis und die Sahne zu einem gestreiften Hügel verrührte, geschildert, wie sorgfältig Urban die Karten eingetütet, die Adressen überprüft, die Marken aufgeklebt hatte. Wie sie zur Tankstelle in der Siedlung gegangen waren, wo er die Briefe einzeln in den Postkasten warf, während Smeralda den Tankstellenbetrieb anstarrte: die Armee beim Tanken, die Armee beim Frühstücken, die Trucker-Fahrer, wie sie sich streckten und ihre Schulterblätter kurz zusammenschoben.

Ich weiß nicht, ob das jetzt Smeraldas Bilder sind oder meine, ich kenne die Gegend, ich weiß, wie spät sich dort der Nebel hebt, und ich stelle mir vor, wie die beiden nach der Postkasten-Aktion ihre Schuhe nachschnüren und einfach links oder rechts in so ein Dingsbumstal hineinlaufen, auf einem mittleren Weg, zu einem Ziel, das nur aus einem Pfosten und einem Namensschild besteht. Waldeinsamkeit, Einförmigkeit, sie mögen das, ich mochte es auch, aber ich schnüre schon länger solche Schuhe nicht mehr.

Die nächste Zeit wird auf unauffällige Weise unbehaglich für sie, für beide. Für Urlaubspostkarten bedanken sich weiterhin nur Smeraldas großer Sohn in Irland, ihre frühere Kinderfrau und der Bibliothekar der Stadtbücherei, das sind die drei Leute, an die Smeralda selber ihre drei Karten geschrieben hatte, mit wenig Text und ohne Umschlag. Es ist ansonsten viel los, eine Wahl, durchs Land wabernde Krankheiten, Anschläge und Festivals. Was ausbleibt, sind die Einladungen, die sich sonst im Herbst, rechtzeitig vor Weihnachten, häuften. Kein Kartenspielen, keine Nüsse-und-neuer-Wein-Treffen, nur manchmal ein gedehntes »Geht es euch gut?« mit schnellem Themenwechsel am Telefon. Als wäre ein Netz, das früher engmaschig war, nach außen gedehnt worden, hätte Löcher bekommen, da wo Urban und Smeralda ihren Platz hatten, würde aber zwischen den anderen noch gut funktionieren.

Ich stellte mir Smeralda beim Verdrängen vor, wie sie zu Urban sagt, es sei doch recht entspannend, mal keine privaten

Termine zu haben, wie sie ihn ins Kino dirigiert hat, sogar einmal in die Oper, wo sie Leif und Christl treffen, die atemlos in der Pause Smalltalk machen und aussehen, als hätten sie ein großes schmutziges Geheimnis zu wahren.

Einmal traf ich Urban an der Sporthalle, er kam vom Badminton, ich rollte zu meinem Sport, der »WiederFit« heißt und nicht Behindertensport heißen darf. Wir unterhielten uns kurz im Nieselregen auf dem Parkplatz. Sollte ich fragen, wie der Urlaub war? Ich wusste ja, dass der Urlaub gut gewesen war. Und er lag auch schon eine Weile zurück. Das unangenehme Triumphgefühl, mehr zu wissen als er, machte mich verlegen, kurz angebunden. Der Nieselregen ermöglichte mir den Rückzug in die Halle, man sieht sich.

Wochen vergingen, Smeralda meldete sich eine Weile nicht, dann rief sie an. Offenbar war sie allein, sie erzählte sofort los, als hätte sie lange nichts mehr erzählen können. »Alle sind furchtbar taktvoll und halten sich zurück«, sagte sie. Urban hatte viel zu tun und schien die Isolationsfalle nicht recht zu bemerken, berichtete nur manchmal von irritierenden Nachfragen. Na ja, der Alltag hat einen schnell wieder. Ist schon eine Umstellung, was?

Aber eines Tages rief Sonja, Urbans Ex-Frau, Smeralda an. Offenbar hatte auch sie eine Karte bekommen. Sie sagte: »Er ist ein Arsch. Er war immer ein Arsch. Ich hätte dich warnen können. Kennst du diese Josefine?«

Smeralda hatte sich in diesem Augenblick dumm gestellt, es war ein Reflex, sagte sie, aber sicher wollte sie auch das Vergnügen haben, zu hören, wie Sonja sich abzappelte, um ihre Aufklärungsrede so schonungslos wie achtsam zu formulieren, was aber einfach nicht funktionieren konnte. Also stieß Smeralda kleine Überraschungslaute aus und bedankte sich höflich für Sonjas Angebot: »Wenn du jemanden zum Reden brauchst …«

Als sie mir das am Telefon erzählte, wirkte sie wie ein Kind, das einen total lustigen Streich hingekriegt hat (alte Frau im Kleingarten erschreckt) und sich nun gut zureden muss, die Tat immer noch lustig zu finden (weil man die alte Frau seitdem nicht mehr gesehen hat). Ich hätte sagen müssen, dass das, was sie für einen gelungenen Streich hielt, etwas anderes war: eine Lüge, und zwar eine, die Beziehungen, Vertrauen, Gemeinschaft zerstört. Ich sagte ihr nicht, dass jede Tat Folgen hat, war ich die Ethik-Tante in der Wochenzeitung?

Aber natürlich hatte auch ich jetzt ein moralisches Problem, zum Beispiel Urban gegenüber, der nicht wusste, von woher das Unheil auf ihn zurollte. Sein Umfeld, vom Chef bis zum Freundeskreis, reagierte ja nicht mit lautem schulterklopfenden Gedröhne über den vermuteten Coup (Partnerin ausgetauscht), sondern zog sich verlegen, unsicher, in den Tarnsocken des üblichen Umgangs zurück. Sie alle vermuteten eine blutende Wunde, aber keiner wollte darin herumstochern oder sie wenigstens ansehen.

Ein paar Wochen hörte ich nichts von Smeralda, was mir recht war, denn es würde sich nicht endlos vermeiden lassen, dass ich Stellung bezog. Es gab außerdem die anderen Sorgen, die nicht ganz unerwartet kamen, aber nicht die nötige Aufmerksamkeit fanden. Es kostete schon Anstrengung genug, ab und zu da hinzuschauen, sich für eines der Diskursangebote zu entscheiden, die gerade auf dem Markt waren. Es war die Zeit, in der die Katastrophen anfingen, Schlange zu stehen, wie alte Saurier, die es leid waren, vergessen worden zu sein.

Dann traf ich Smeralda plötzlich – es war ein kalter sonniger Märztag – im Einkaufszentrum. Witzigerweise waren wir beide unterwegs, weil wir endlich mal den Zettel vom Katastrophenschutz abarbeiten wollten, der inzwischen in jedem Haushalt angekommen war, zum Schluss lag die Broschüre sogar analog im Briefkasten. Für mich war das eine aufwändige Beschäftigung, die richtige Dosis an Nudeln, Kerzen und Mineralwasser mit dem Rollstuhl in meine Wohnung zu schaffen, und ich verteilte diese Aktivität auf mehrere Tage und Geschäfte, weil ich in den Läden nicht den Eindruck erwecken wollte, ich würde den Zettel vom Katastrophenschutz abarbeiten, der mir zehn Tage Autarkie versprach.

Smeralda also sah ich, als sie ein Paket Klopapier daran hindern wollte, aus einem riesigen Beutel zu lugen, in dem sich schon Nudeln und wahrscheinlich Mandeldrink-Vorräte stauten. Sie war sehr bleich, sah ein bisschen zottelig aus. Der gerade überstandene Winter war ihr nicht gut bekommen.

Wir redeten ein bisschen herum, dann fragte ich sie doch noch direkt, was aus ihrer Postkartenaktion geworden sei.

Sie dirigierte mich zu der Kaffeebar auf der Plaza, wedelte mit ihrem Impfausweis und brachte zwei Becher einer hochspezifischen Kaffeesorte. Menschen mit übervollen Einkaufstüten eilten an uns vorbei, andere zerrten Rollkoffer matt, wie gestrandet, hinter sich her, schienen es aber nicht eilig zu haben.

»Also«, sagte sie, »da kam dann ein Anruf von Patrizia.« »Wer ist Patrizia?«, fragte ich. »Naja, ich hatte offensichtlich auch eine Karte mit ›Patrizia‹ unterschrieben. Ich wusste ja nicht, dass es sie gibt. Und die reale Patrizia hat dann von einem Bekannten gehört, sie sei wohl endlich mit Urban in Urlaub gewesen, herzlichen Glückwunsch zum Durchbruch. Jedenfalls meinte diese Patrizia, egal, wie das zustande gekommen sei, Hauptsache, die Wahrheit liege auf dem Tisch, sie sei also jetzt offiziell mit Urban zusammen und froh darüber, dass die Heimlichtuerei ein Ende habe.«

Was dann folgte, war die übliche Geschichte von Offenbarungen, Tränen, Schloss auswechseln, Flucht und Landnahme. Aber wieso Wahrheit, dachte ich. Als die Karten geschrieben wurden – war es da schon die Wahrheit? Wäre es auch dann zur Wahrheit geworden, wenn Smeralda sich nicht diesen kleinen dummen Streich erlaubt hätte, den sie sicher keine Lüge nennen würde? Die Redensart von den Lügen mit den kurzen Beinen stimmte nicht. Die Lüge war kein Dackel. Die Lüge hatte große elefantöse Beine, sie kam daher wie ein Kampfgeher aus Untergangsfilmen, stampfte alles nieder.

»Ich muss weiter«, sagte Smeralda und verschwand mit ihren Taschen, bevor ich etwas Grundsätzliches, Philosophisches sagen konnte – sie hatte mir das wohl angesehen. Ich trank langsam meinen Kaffee aus und las die stummen Nachrichten auf dem riesigen Bildschirm in der Plaza. Sie waren nicht gut.

Zwanzig Jahre Inkubationszeit

Von Hanna Engelmeier

Das Berufsbild des Schellenknechts ist mittlerweile landläufig eher unbekannt. Schellenknecht konnte man beispielsweise in der Frühen Neuzeit werden, wenn man sich in den Dienst eines städtischen Leprosiums stellte und für die dort internierten Aussätzigen allerhand Aufgaben übernahm, beispielsweise Spenden sammeln oder die Arbeit eines Küsters verrichten oder auch verstorbene Lepröse begraben. Ankündigen musste er sich mit Schellen, so wie die Leprakranken vor ihrem Erscheinen mit einer hölzernen Klapper warnten.

Bei einem so breiten Aufgabenspektrum kann natürlich das eine oder andere schiefgehen. Zwischen 1613 und 1617 kommt es beispielsweise in Koblenz zu Friktionen zwischen den Leprösen und ihrem Schellenknecht, angeblich hat er erst Almosen veruntreut und dann die Bewohner des Siechenbergs durch das anstößige Verhalten seiner Ehefrau verärgert: »Wegen der überaus großen *Unzucht und Schand mit Fressen und Saufen* sollte nach Beschluß des Rates die Frau des Schellenknechts bestraft werden. Wie die Sache weiterging, ist nicht bekannt.«

Diese Informationen entnehme ich der 29. Ausgabe der *Klapper*, den Mitteilungen der Gesellschaft für Leprakunde e.V., die im vergangenen Jahr erschienen ist. Zwei Hefte durfte ich mir bei meinem Besuch des Lepramuseums in Münster-Kinderhaus aussuchen, das jeden Sonntag zwei Stunden geöffnet hat, um in drei kleinen Räumen auf vielen sorgfältig erstellten Infotafeln über die Geschichte und Gegenwart der durch eine Bakterieninfektion hervorgerufenen Krankheit zu unterrichten. In Raum zwei sitzt eine lebensgroße Puppe, die eine Erkrankte darstellen soll, ihr Gesicht weist die typischen tuberkulösen Leprabeulen auf, die Hände sind verbunden. Ihre Hautfarbe ist weiß.

In Raum drei des Museums nimmt den größten Teil des eher kleinen Zimmers eine Stellwand ein, die über die Errichtung einer Lepra-Station in Bisidimo, Äthiopien berichtet. Dabei handelt es sich um eine Initiative des Deutschen Aussätzigen-Hilfswerks im Jahr 1958, das eine Gruppe junger Männer unter geistlicher Leitung entsandte, um hier denjenigen Brüdern und Schwestern im Globalen Süden zu helfen, die an der Lepra erkrankt waren. Nicht verhohlen wird der Abenteuercharakter der Unternehmung, Malaria und Tropenhelm inklusive. Ein Foto zeigt zwei der jungen Männer auf der Baustelle der Station, Bildunterschrift: »Emmes und Bruno hoch zu Roß«. Ebenfalls zu sehen: »Pater Immanuel, Ignaz Brinkmann und Horst Korritschke bei einem Spaziergang in Harrar«. Seltsam unklar bleibt die Zusammenarbeit mit den lokalen Behörden oder aber die Frage danach, welche Ansprüche an ihre Gesundheitsversorgung die Bevölkerung Bisidimos geltend machen konnte oder ob sie sich im Krankheitsfall eben schlicht dem unterzogen, was von ihren weißen Heilern vorgegeben war.

Lepra ist eine mit Antibiotika behandelbare Krankheit, die vor allem deshalb schwer auszurotten ist, weil sie eine lange Inkubationszeit besitzt, in der sie meist nicht entdeckt wird. Letzte Fälle in Europa traten 2011 in Rumänien auf, in den Ländern des Globalen Südens erkrankten in den letzten Jahren jeweils noch um die 120 000 Menschen. In Deutschland ist die Krankheit museal geworden, sie gehört zu den Schaurigkeiten des Mittelalters und ist Anlass für Heldenerzählungen über weiße Ärztinnen und Pfleger, die sich anscheinend selbstlos denjenigen Gegenden zuwenden, in denen, da sie ja noch Lepröse hervorbringen, offenbar auch noch Mittelalter sein muss. Oder? Das Mittelalter ist ja auch nur eine Erfindung weißer Männer des 19. Jahrhunderts, mag man nun als ein leidlich aufgeklärter weißer Mann oder als weiße Kolumnistin des 21. Jahrhunderts erwidern.

Das Museum befindet sich in einem ehemaligen Leprosium am Stadtrand Münsters. Als kranke Subjekte werden die Aussätzigen hier in atemberaubender Rekonstruktion Foucault'scher Analysen der Anormalen zu Objekten medizinischen Herrschaftswissens. Jaja, bis zu neun Münsteranerinnen und Münsteraner (Geschlechtsverkehr strengstens verboten!!) lebten auch einmal verbeult und deformiert in dem kleinen Fachwerkhaus im Grünen und beteten zum Heiligen Lazarus in der kleinen Kapelle gleich nebenan. Aber die hat der Schellenknecht schon vor Hunderten von Jahren begraben. So etwas gibt es jetzt hier nicht mehr.

Direkt neben dem Lepramuseum befindet sich in einem anderen Gebäudeteil das Heimatmuseum. Völlig vollgefrumst sind die Ausstellungsräume mit allerlei Alltagsgegenständen, die der Heimatkunde zugetane Kinderhauser dem Verein überlassen haben, der sich hier um alles kümmert und um Einträge ins Gästebuch bittet. An einem Sonntag im April haben sich kurz vor der Schließzeit bereits neun Gäste eingetragen, ich bin die zehnte Besucherin gewesen, ein guter Schnitt, manchmal kommt auch niemand, um sich eine Auswahl antiker Bügeleisen, Schuhmacherwerkzeuge oder Zeitungsausschnitte über Ferdinand Eimermacher, den Münsteraner »Pionier des Freiballonsports« anzuschauen, der im Jahr 1913 in weniger als sieben Stunden in einem Ballon von Münster nach Königsberg flog.

Meine letzten Teenagerjahre habe ich in Kinderhaus gewohnt, zu einer Zeit, in der mir die fünf Kilometer Entfernung vom Stadtzentrum tatsächlich wie die Verbannung in ein Internierungslager für Aussätzige vorkamen. Jetzt erscheint mir alles possierlich daran, die ungerechte Verzweiflung von Vergangenheits-Hanna, um die sechzehn Jahre alt, die sich natürlich niemals mit der Heimatgeschichte auseinandergesetzt hat. Dass der Stadtteil nach dem Wohnort der Leprösen hieß, die man auch »kinderen« nannte, das wusste ich. Und nur zwanzig Jahre später habe ich mich näher darüber informiert: eine ganz ordentliche Inkubationszeit.

Mit meinen zwei Exemplaren der *Klapper* unter dem Arm ging ich im nahegelegenen Ortszentrum in ein Bäckereicafé, verschämt verdeckte ich das Cover, da ich niemandem den Appetit verderben wollte, und bestellte ein Stück Mohnstreuselkuchen. Ich aß ihn auf den geklinkerten Stufen zum Stadtteilzentrum und beobachtete dabei den ausgestorbenen Vorplatz, auch er vollständig geklinkert. Hunderte Male war ich hier gewesen und kannte mich doch nicht aus. Währenddessen schien die Sonne auf die Ameisen, die vor meinen Füßen hin und her rannten. Eventuell bin ich auch auf die eine oder andere draufgetreten und habe sie unwillentlich zerquetscht.

Demnächst:

Benjamin Nathans
Glückliche Bürokraten

Nicola Denis
Gefährtinnen

Jörg Döring
Die Literatur der Mitlebenden